두근두근!
집콕 실험실

SHOGAKUSEI KARANO WAKUWAKU! OUCHI JIKKENSHITSU
© GENKI ICHIOKA 2022
Originally published in Japan in 2022 by Ascom Inc.,TOKYO.
Korean Characters translation rights arranged with Ascom Inc.,TOKYO,
through TOHAN CORPORATION, TOKYO and Shinwon Agency Co., SEOUL.

이 책의 한국어판 저작권은 Shinwon Agency를 통해 Ascom Inc. 와
독점 계약한 주식회사 도서출판 북멘토가 소유합니다.
저작권법에 의하여 한국 내에서 보호를 받는 저작물이므로 무단 전재 및 복제를 금합니다

두근두근! 집콕 실험실

이치오카 겐키 지음 | 송소정 옮김

북멘토

여러분, 안녕하세요. 과학하는 예술가, 이치오카 겐키예요. 저는 유튜브 등을 통해 과학의 재미와 즐거움을 전하는 활동을 하고 있어요.

여러분은 '과학'과 '실험'이라고 하면 무엇을 떠올리나요? 아마 학교 수업이나 실험실을 떠올릴지도 모르겠어요. 하지만 과학은 우리 주변 어디든 존재한답니다. 우리가 평소 일상생활에서 맛있게 요리를 만들고, 주변 환경이나 물건을 깨끗하게 만들기 위해 청소와 빨래를 할 때도 실은 과학의 힘이 작용하고 있지요.

이 책에서는 일상 곳곳에 있는 것을 이용해 재미있는 과학 실험을 하고, 집에서 생활하며 마주하는 '왜?', '어째서?' 같은 궁금증을 과학의 눈으로 설명해요. 1장에서는 요리를 주제로 음식을 이용해 즐겁게 할 수 있는 실험을, 2장에서는 청소와 빨래를 주제로 공간과 물건을 반짝반짝하게 만드는 숨은 비법 실험을 소개할 예정이에요.

　재미있는 실험으로 일상생활에 숨은 신기한 과학을 체험하는 동시에 집안일도 도울 수 있으니 놀랍고 색다른 경험이 될 수 있을 거예요. 책 마지막에 '과학 실험 노트 정리하는 법'을 소개하는 꼭지도 있으니 숙제나 공부를 할 때 도움이 되면 좋겠네요.

　실험을 직접 스스로 해 보면 책만 읽어서는 알 수 없는 놀라움을 만나게 될지도 몰라요. 저 자신도 몇천 종류나 되는 실험을 반복하는 동안 수많은 설렘을 새롭게 발견할 수 있었거든요. 이 책을 읽고 '과학은 정말 재미있어!'라는 생각을 하게 되는 어린이가 늘어나기를 기대해요. 자, 그럼 빨리 지금 각자 머무르고 있는 집에서 실험을 시작해 보도록 해요!

이치오카 겐키

이 책 사용법

이 책은 집 안에서 마주하게 되는 '왜?', '어째서' 같은 궁금증을 과학으로 풀어보는 책이에요. 요리, 청소, 빨래 같은 집안일을 활용한 실험으로 과학 지식을 즐겁게 익히면서 집안일을 도울 수 있도록 구성했어요. 평소 귀찮았던 집안일이 과학의 힘을 통해 재미있는 실험으로 변신하는 거죠!

식용 베이킹
마른오징어를 싱싱한

마른오징어는 오랫동안 보관할 수 있어서 두고두요. 마르고 딱딱한 오징어는 중조수(식용 베이킹 소다드러워진 오징어로 다양한 요리를 만들어 보세요.

준비물
- 마른오징어
- 물 1ℓ
- 사각형 그릇 등
- 계량스푼
- 식용 베이킹 소다 1큰술

다른 요리로도 활용할 수 있다!

마른오징어 두부조림
마른오징어 우린 물과 간장, 술(미림), 설탕 섞어서 오른쪽 페이지 ❸의 오징어를 두부와 함께 넣고 5~10분 정도 조린다.

소금 간을 한 마른오징어 구이
오른쪽 페이지 ❸의 오징어를 생선구이 석쇠로 굽기만 하면 된다. 마요네즈 등을 어서 먹는다.

- 요리, 청소, 빨래 등 실험 장르를 표시해요.
- 실험에 필요한 도구예요. 실험을 시작하기 전에 전부 준비해 두면 좋아요.
- 실험과 관련하여 추가로 도움 되는 정보를 담았어요.
- 실험할 때 주의 사항을 담았어요. 안전하게 실험을 진행하려면 반드시 지켜야 해요.
- 실험할 때의 요령과 대신할 수 있는 도구 및 재료 등을 소개해요.

실험 제목의 중요한 키워드에 색이 칠해져 있어요.

사진의 실험 순서를 잘 보고 실험을 진행해요.

실험 결과로 나타나는 과학 현상을 그림으로 쉽게 풀어 설명해요.

소다로 생오징어처럼!

마른오징어를 생생하게 만드는 법

1. 사각형 그릇 등에 물을 넣어 중조를 녹여서 중조수를 만든다.

2. ①의 중조수에 마른오징어를 담가 하룻밤 둔다.

3. 다음 날, 생오징어처럼 부드러워진다.

왜 그럴까?

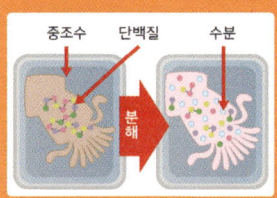

중조수 | 단백질 | 수분
분해

중조는 물에 녹이면 약알칼리성이 된다. 알칼리 성분은 단백질을 분해해서 물이 배어들기 쉽게 해 주기 때문에 오징어가 부드러워진다.

더 자세히

중조의 성분은 **탄산수소 나트륨**이다. 탄산수소 나트륨을 녹인 물은 동물성 단백질과 식물성 단백질을 분해하는 작용을 해서 고기를 부드럽게 만들거나 산나물의 떫은맛을 뺄 때도 사용된다.

!주의!
중조(탄산수소 나트륨, 식용 베이킹 소다)는 반드시 먹을 수 있는 '식품용'을 쓰자.

...식으로 먹으면 좋은 맛있는 식재료에 ...물)에 담그면 부드럽게 변하는데, 부...

중조(탄산수소 나트륨)는 푹 끓이면 거품이 많이 나오므로 끓어넘치는 것에 주의한다. 맨 처음에 나오는 거품은 알칼리액이기 때문에 제거하는 것이 좋지만, 조린 국물이 탁해진 뒤에 나오는 거품은 두부가 녹은 것이므로 제거하지 않아도 괜찮다.

도움말
조미료와 물로 마른오징어를 불려 요리에 쓸 수도 있지만, 싱싱한 생오징어에 가깝게 만들려면 중조를 사용하는 것이 핵심이다.

중조는 적당히 사용하면 재료를 부드럽게 만들지만, 지나치게 많이 사용하면 씁쓸해지니 주의하도록 해요.

이치오카 겐키 선생님의 친절한 설명이 덧붙어요.

'왜 그럴까?'에 나오는 과학 용어를 자세히 풀어 깊이 있는 지식을 얻어요.

차례

들어가는 글 ··· 4
이 책 사용법 ··· 6

제1장 냠냠 맛있는 실험! 요리의 신기함을 과학으로 알아보자.

물로 비밀 메시지 쓰기!? 암호 빵을 만들자! ·· 12
이쑤시개로 그린 그림이 드러난다!? 바나나 아트를 즐기자! ························· 14
몽글몽글 슈크림 빵을 실로 깨끗하게 자르기 ·· 16
알루미늄 포일을 사용해 아주 쉽게 감자 껍질 벗기기 ································· 18
물을 이용하면 울지 않고 양파를 자를 수 있다! ··· 20
머그컵을 사용해 반숙·완숙 삶은 달걀 동시에 만들기 ································· 22
생선×레몬으로 석쇠에 달라붙지 않게 생선 굽기 ······································· 24
식용 베이킹 소다로 마른오징어를 싱싱한 생오징어처럼! ···························· 26
냄비 두 개로 양쪽에서 꽉! 언 식재료 재빨리 해동하기 ······························· 28
아주 빨리 얼음을 만드는 간단한 방법 ··· 30
병 안에서 굳은 후춧가루를 소금의 힘으로 바슬바슬하게! ·························· 32

딱딱한 설탕이 바로 바슬바슬! 굳은 설탕 되돌리는 법 ·················· 34
보관과 운반에 편리한 알파화미 만들기 ·················· 36
신문지가 대활약! 채소를 오래 보관하는 비결 ·················· 38
음식 보관용 비닐로 바나나를 맛있게 오래 보관하는 비법 ·················· 40
꿀물에 담가 놓으면 껍질 벗긴 사과도 색이 그대로! ·················· 42
초간단! 손으로 짜는 것만으로 과즙 100% 주스 만들기 ·················· 44
비타민으로 빛을 낸다!? 빛나는 타피오카 음료 만들기 ·················· 46
여름에 추천! 한천 가루로 녹지 않는 아이스크림 만들기 ·················· 48
흔들기만 해도 완성! 얼음×소금으로 샤베트 만들기 ·················· 50
우유×레몬으로 맛있는 코티지치즈 만들기 ·················· 52
점점 색이 바뀐다!? 알록달록 예쁜 색깔 면 만들기 ·················· 54
삶은 달걀 껍데기를 매끄럽게 벗기는 마법의 기술 ·················· 56

제2장 뽀득뽀득 깨끗한 실험! 청소·세척의 원리를 과학으로 알아보자.

뿌옇게 더러워진 유리그릇은 소금으로 말끔히 깨끗하게! ·················· 60
거무칙칙해진 은 제품은 탄산수로 반짝반짝하게! ·················· 62
그릇에 묻은 끈덕진 기름때는 파스타 삶은 물로 닦자! ·················· 64
전자레인지에 가득 찬 냄새는 레몬 껍질로 상쾌하게! ·················· 66

지저분한 냄비도 순식간에 깨끗! 베이킹 소다의 힘 ······················ 68
부엌의 끈적한 기름때는 드라이기의 열기로 없애자! ······················ 70
퀴퀴한 음식물 쓰레기 냄새를 커피 찌꺼기로 없애기 ······················ 72
병에 달라붙은 스티커는 드라이기로 쓱 뗄 수 있다! ······················ 74
버리지 말고 활용하기! 감자 껍질로 거울이 반짝반짝 ······················ 76
물을 자주 쓰는 곳을 청소할 때는 치약을 활용하자! ······················ 78
오래된 녹이 말끔하게! 레몬의 힘은 대단해 ······················ 80
청소기와 물의 힘으로 카펫의 얼룩을 말끔하게 빨아들이기 ······················ 82
다다미에 묻은 크레용을 치약으로 깨끗하게 닦기 ······················ 84
유성펜으로 한 낙서는 고추냉이로 제거한다! ······················ 86
낙서로 곤란하다면 이것! 무수 에탄올로 흔적 지우기 ······················ 88
실수로 간장을 흘렸다고? 식초로 간장 얼룩 없애기 ······················ 90
옷에 딱 달라붙은 껌은 소독용 알코올로 뗄 수 있다! ······················ 92
옷깃의 누런 때는 주방 세제로 말끔하게 지운다! ······················ 94
꾸깃꾸깃 신문지를 사용하면 빨래가 빨리 마른다! ······················ 96
신발 냄새가 사라진다! 신기한 동전의 마법 ······················ 98
딱 달라붙은 비닐봉지는 정전기로 입구를 열자! ······················ 100
페트병과 우유로 간단하게 휴대용 조명등 만들기! ······················ 102
드라이기의 온풍을 쐬면 구깃구깃한 우산도 빳빳하게 ······················ 104
과학 실험 노트 끝내주게 잘 쓰는 법 ······················ 106

제 1 장

냠냠 맛있는 실험!

요리의 신기함을

과학으로 알아보자.

요리에는 과학의 비밀이 가득 들어 있어요. 편리한 요리 비법부터 기발한 아이디어 요리까지 즐겁게 만들어서 맛있게 먹어 봐요.

물로 비밀 메시지 쓰기!? 암호 빵을 만들자!

평소 자주 먹는 식빵과 물을 이용해, 상대에게 보낼 은밀한 메시지를 적은 '암호 빵'을 만들 수 있어요. 식빵이 완전히 구워지는 속도 차이에 비밀의 열쇠가 숨어 있어요!

준비물

- 식빵
- 컵
- 물
- 토스트기

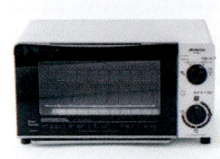

맛 내기 도전!

설탕 + 물

소금 + 물

레몬즙

!주의!
토스트기는 아주 뜨거우니까 화상에 주의하자.

암호 빵 만드는 법

1

컵에 물을 넣고 손가락에 물을 묻힌다.

※ 만들기 전에 반드시 손가락을 깨끗하게 씻는다!

2

물 묻힌 손가락으로 식빵에 암호(메시지나 그림 등)를 쓰고, 물이 마르기 전에 상대에게 건넨다.

3

❷의 식빵을 받은 사람에게 토스트기로 빵의 상태를 보면서 굽게 한다.

4

물을 묻혀 메시지를 쓴 부분이 하얗게 드러난다!

왜 그럴까?

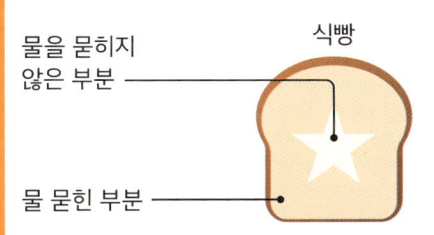

물을 묻히지 않은 부분 — 식빵
물 묻힌 부분

물이 묻지 않은 부분은 노릇노릇하게 구워졌지만, 물이 묻은 부분은 물이 증발한 뒤에 구워지기 시작한다. 따라서 <u>물 묻은 곳과 묻지 않은 부분은 구워지는 속도에 차이가 생겨</u> 암호가 식빵 표면에 나타나는 것이다.

더 자세히

식빵이 구워지는 **속도 차이**는 알루미늄 포일로도 만들 수 있다. 하얗게 만들고 싶은 부분에 알루미늄 포일을 올려 두면 그 부분은 토스트기의 열이 차단되기 때문에 구워지지 않고 식빵의 하얀색이 그대로 남아 있다.

물 대신 레몬즙을 바르면 반대 결과가 돼요. 레몬즙을 바른 부분이 다른 부분보다 빨리 타죠. 이때 레몬즙 바른 부분을 잘 말려 구워요.

이쑤시개로 그린 그림이 드러난다!? 바나나 아트를 즐기자!

그림 도구나 펜은 필요 없음! 이쑤시개와 바나나만 있으면 아주 간단하게 바나나에 그림을 그릴 수 있어요. 바나나 껍질에 들어 있는 물질의 성질을 이용하는 것이죠.

준비물
- 바나나
- 이쑤시개

바나나 아트를 즐기는 법!

바나나의 곡선을 살린다.

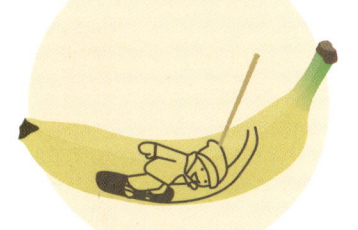

슈가 스팟(갈색 점)을 모양 그대로 이용한다.

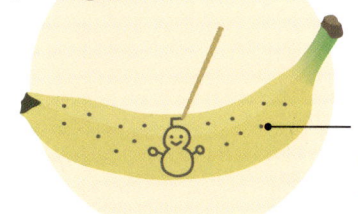

슈가 스팟
(바나나가 숙성되면서 생기는 검은 반점)

바나나 아트 만드는 법

1 이쑤시개로 바나나 껍질 표면에 상처를 내듯이 그림과 글자를 그린다.

2 다 그린 뒤 삼십 분에서 한 시간 정도 놓아둔다.

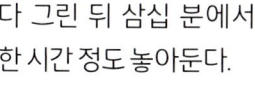

3 그린 선이 검게 되어 도드라진다. 바나나 아트 완성!

왜 그럴까?

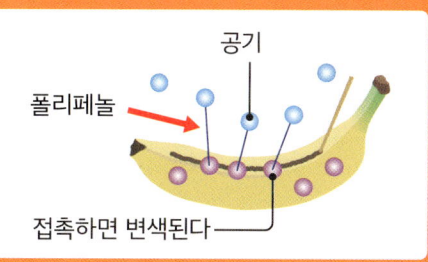

바나나뿐만 아니라 식물에 들어 있는 '폴리페놀'이라는 물질은 공기와 접촉하면 산화해서 갈색과 흑색으로 변색하는 성질이 있다. 이쑤시개로 그린 부분 색이 변한 것은 바나나 껍질에 포함된 폴리페놀이 공기와 접촉해 변색했기 때문이다.

더 자세히

폴리페놀은 많은 식물에서 쓴맛을 내는 색소 성분이다. 바나나 외에 사과와 복숭아에도 이 물질이 많이 들어 있다.

!주의!

이쑤시개로 바나나에 한번 상처를 내면 고칠 수 없으니 주의하자.

자기 바나나에 이름을 써서 보관할 때도 이용할 수 있어요!

몽글몽글 슈크림 빵을 실로 깨끗하게 자르기

부드러운 슈크림 빵이나 삶은 달걀을 부엌칼로 자르려고 하면 형태가 부서지거나 찌그러지기 쉬워요. 그럴 때는 실을 사용해 봐요! 부엌칼로 자르기 힘든 부드러운 식재료는 실을 사용하면 깔끔하게 잘려요.

준비물

- 자르고 싶은 식재료
- 실

 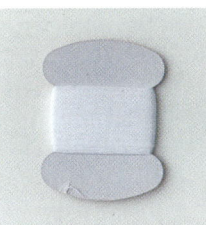

도움말
롤케이크와 찹쌀떡처럼 부엌칼로 예쁘게 자르기 어려운 것은 실로 잘라 보자.

이것도 깔끔하게 잘린다!

샌드위치

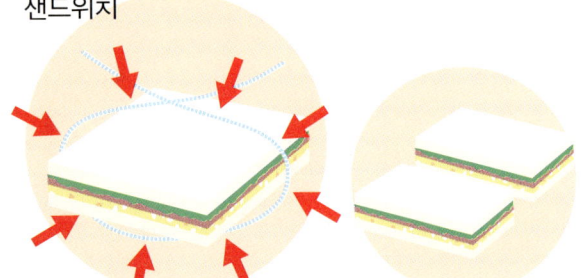

삶은 달걀

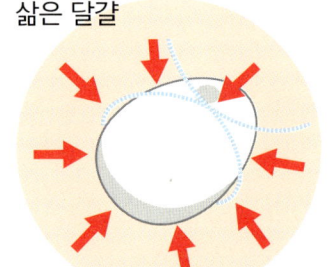 

실을 사용해 식재료 자르는 법

1

식재료(슈크림 빵) 밑으로 실을 통과시켜 한 바퀴 감은 다음 식재료 위에서 교차시킨다.

2

감은 실 양 끝을 바깥 방향으로 잡아당긴다.

3

실을 끝까지 잡아당기면 반으로 깔끔하게 잘린다.

왜 그럴까?

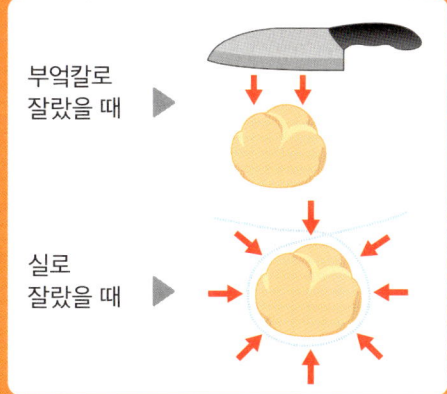
부엌칼로 잘랐을 때
실로 잘랐을 때

실로 잘랐을 때 깔끔하게 잘리는 까닭은, 실이 슈크림 빵에 닿는 <u>모든 방향으로 압력이 균등하게 가해지기</u> 때문이다. 부엌칼은 위에서 아래로 한 방향으로만 눌러 자르기 때문에 부드러운 식재료는 뭉개지고 만다.

더 자세히

압력이란, 면에 대해 수직으로 작용하는 힘(면을 꽉 누르는 힘)을 말한다.

도움말

감은 실을 잡아당길 때 자칫 모양이 찌그러질 수도 있지만 걱정하지 말고 끝까지 잡아당기자.

실은 가늘면 가늘수록 압력이 집중되기 때문에 깔끔하게 잘려요. 두께가 다른 실로 실험해 보세요!

알루미늄 포일을 사용해 아주 쉽게 감자 껍질 벗기기

감자는 둥글고 울퉁불퉁해서 부엌칼이나 감자 칼로 껍질을 벗기기가 상당히 어려워요. 그럴 때는 뭉친 알루미늄 포일로 감자 표면을 문지르면 깨끗하게 껍질이 벗겨져요.

준비물

- 감자
- 알루미늄 포일
- 그릇
- 물

 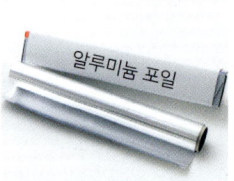  

이런 식물 껍질도 깨끗이 벗긴다!

우엉

당근

도움말

감자 싹에는 솔라닌이라는 독이 있어서 잘 제거하지 않으면 식중독에 걸릴 수 있다. 감자 싹은 알루미늄 포일로 제거하기 힘들기 때문에 어른에게 부탁해 부엌칼로 깨끗하게 잘라 달라고 부탁하자.

감자 껍질 잘 벗기는 법

1
감자에 묻은 흙을 깨끗이 씻어 없앤다.

2
알루미늄 포일을 15~20 센티미터 정도 길이로 잘라 꾸깃꾸깃하게 뭉친다.

3
감자를 물에 담그며 ❷의 알루미늄 포일을 감자에 계속 문지른다.

4
감자 껍질이 깨끗하게 벗겨진다.

왜 그럴까?

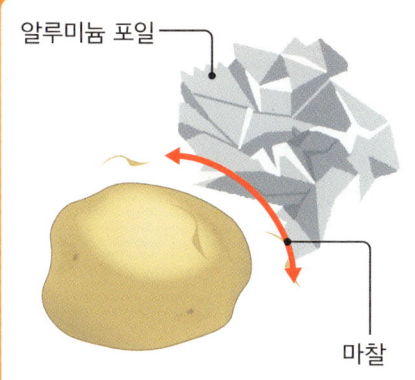

알루미늄 포일을 꾸깃꾸깃하게 구기면 울퉁불퉁한 요철이 생겨서 수세미처럼 되어 감자 껍질을 문질러 제거할 수 있다.

더 자세히

알루미늄 포일은 알루미늄을 0.2~0.006 밀리미터로 아주 얇게 편 것을 말한다. 알루미늄 포일은 광택이 있는 면과 없는 면이 있는데, 겉과 속이 따로 있는 것이 아니라 성질은 같다.

알루미늄 포일은 감자 같은 채소 껍질보다도 단단해서 껍질을 벗길 수 있어요.

물을 이용하면 울지 않고 양파를 자를 수 있다!

요리에 넣기 위해 양파를 자를 때, 눈이 따까워서 눈도 떠지지 않고 눈물을 줄줄 흘린 경험이 있나요? 양파를 자를 때 눈물이 안 나게 하려면, 양파를 자르기 전에 먼저 물에 담가 두면 좋아요.

준비물

- 양파
- 물
- 그릇
- 도마
- 부엌칼

양파를 울지 않고 자르는 다른 방법들

양파를 냉장고에 30분 정도 넣어 차게 한다.

전자레인지에 가열한다.

껍질 깐 양파를 600와트로 약 2분

!주의!
부엌칼로 양파를 자를 때 다치지 않도록 주의한다.

눈물 나지 않게 양파 자르는 법

1
양파 껍질을 벗기고 위아래를 조금 잘라 낸 뒤 다시 크게 반으로 자른다.

2
❶의 양파를 물에 10분 정도 담근다.

3
물에서 양파를 꺼내 원하는 모양으로 자른다.

왜 그럴까?

유화아릴

양파를 자르면 눈물이 나오는 것은 눈과 코를 자극하는 <u>유화아릴</u>이라는 성분 때문이다. 양파가 잘려 파괴된 세포가 공기와 접촉하면 유화아릴이 발생한다. 유화아릴은 물에 녹는 성질이 있어서 양파를 물에 담그면 유화아릴이 물에 녹아 공기 중에 유화아릴이 떠다니는 것을 막을 수 있다.

더 자세히

유화아릴은 양파와 파, 부추, 마늘 등의 파과의 식물에 들어 있는 성분이다. 균에 저항하는 항균, 균을 없애는 살균 작용이 있으며, 우리 몸속 내장 기관인 위에도 강한 자극을 준다.

도움말

양파를 물에 너무 오래 담가 두면 물기가 많아지므로 10분 정도로 하자.

유화아릴은 눈뿐만 아니라 코도 강하게 자극해요. 양파를 자르면 코가 매워지는 것도 그 때문이에요.

머그컵을 사용해 반숙·완숙 삶은 달걀 동시에 만들기

단단한 정도가 다르게 달걀을 삶으려면 순서대로 삶거나 각각 다른 냄비에서 삶아야 하는데 그러면 약간 귀찮겠죠. 이때 도자기로 만든 머그컵을 사용하면 반숙란, 완숙란을 동시에 만들 수 있답니다.

준비물

- 익히지 않은 날달걀 2개
- 도자기 머그컵
- 냄비 • 물 • 가스레인지

이 책에 나오는 팁 써먹기!

껍질 매끄럽게 벗기기(이 책 56~58쪽)

실로 자르기(이 책 16쪽)

도움말

달걀은 물이 끓고 나서 넣어도 거의 비슷하게 삶긴다. 달걀을 끓는 물에 넣을 때는 국자 등을 사용해 화상에 주의하면서 살며시 넣자.

반숙·완숙 달걀 동시에 만드는 법

1 냄비에 도자기 머그컵을 넣고 각각 물을 붓는다. 날달걀을 냄비와 머그컵에 넣는다.

2 불을 켜서 물을 데우고, 물이 끓으면 중불로 약 12분간 삶는다.

3 불을 끄고 달걀을 찬물에 담가 식힌 뒤에 껍질을 벗긴다.

4 머그컵 안에 넣은 달걀은 반숙란(사진 왼쪽), 냄비에서 삶은 달걀은 완숙란(사진 오른쪽)이 되어 있다.

왜 그럴까?

머그컵 안에서 끓은 물 쪽이 온도가 더 낮다.

냄비 안과 머그컵 안은 열의 전달 정도(열전도율)가 달라서 단단한 정도가 다른 삶은 달걀이 동시에 완성된다. 가열된 열이 냄비 속 물에 전해질 때 머그컵 안쪽으로는 열전달이 어렵기 때문에 머그컵 안의 달걀은 반숙란이 된다.

더 자세히

열전도율(이 책 29쪽, 31쪽 참고)이란, 열의 전달 정도를 수치로 나타낸 것을 말한다. 냄비 소재로 흔히 쓰이는 금속은 열전도율이 높고(열이 잘 전달된다), 도자기류는 금속보다도 열전도율이 낮다(열이 전달되기 어렵다).

열전도율이 다른 환경을 만드는 것이 중요해요. 머그컵은 컵 전체가 뜨거운 물에 잠기지 않도록 물의 양을 조절하세요!

생선 × 레몬으로 석쇠에 달라붙지 않게 생선 굽기

생선을 구울 때, 석쇠의 망에 생선 껍질이 들러붙어 생선 살이 떨어져 버리는 곤란한 일이 종종 생겨요. 하지만 생선 살이 떨어지지 않고 깨끗하게 굽는 방법이 있죠!

준비물

- 생선
- 레몬
- 키친타월
- 생선구이용 석쇠

이런 도구에도 쓸 수 있다!

망이 더 촘촘한 구이용 석쇠

프라이팬

!주의!
생선구이 석쇠는 위험하니 꼭 어른과 함께 사용하자!

망에 들러붙지 않게 생선 굽는 법

1  생선 겉의 수분을 키친타월로 잘 닦아 낸다.

2  레몬을 잘라 생선 겉에 골고루 바른다.

3  생선구이 석쇠는 미리 열을 가해 데워 놓고 ②의 생선을 강불로 굽는다.

4  레몬즙을 바른 생선은 껍질이 석쇠의 망에 들러붙지 않기 때문에, 생선이 완전히 구워지면 망에서 깨끗하게 떨어진다.

왜 그럴까?

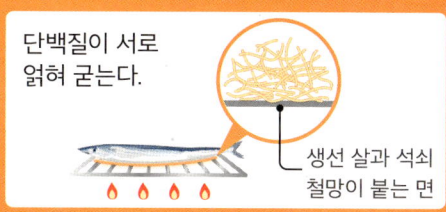

단백질이 서로 얽혀 굳는다.

생선 살과 석쇠 철망이 붙는 면

생선 단백질이 열에 변화하면 금속에 들러붙기 쉬워지는 열 응착 현상이 일어난다. 그래서 생선을 구울 때 껍질이 망에 잘 들러붙는 것이다. 그런데 레몬에는 단백질을 굳히는 작용을 하는 구연산이 들어 있어서 생선 살에 레몬즙을 발라 구우면 석쇠 망에 껍질이 잘 달라붙지 않는 것으로 추측된다.

더 자세히

열 응착이란, 고기와 생선 같은 동물성 단백질이 가열되면서 풀어지고 그 뒤에 금속과 반응해 서로 얽혀 달라붙는 현상을 말한다.

생선에 레몬즙을 발라 구울 때 석쇠에 달라붙지 않는 이유는 아직 정확히 밝혀지지 않았어요.

식용 베이킹 소다로 마른오징어를 싱싱한 생오징어처럼!

마른오징어는 오랫동안 보관할 수 있어서 두고두고 간식으로 먹으면 좋은 맛있는 식재료예요. 마르고 딱딱한 오징어는 중조수(식용 베이킹 소다를 녹인 물)에 담그면 부드럽게 변하는데, 부드러워진 오징어로 다양한 요리를 만들어 보세요.

준비물
- 마른오징어
- 물 1ℓ
- 사각형 그릇 등
- 계량스푼
- 식용 베이킹 소다 1큰술

!주의!
중조(탄산수소 나트륨, 식용 베이킹 소다)는 반드시 먹을 수 있는 '식품용'을 쓰자.

이런 요리로도 활용할 수 있다!

마른오징어 두부조림
마른오징어 우린 물과 간장, 술(미림), 설탕을 섞어서 오른쪽 페이지 ❸의 오징어를 두부와 함께 넣고 5~10분 정도 조린다.

소금 간을 한 마른오징어 구이
오른쪽 페이지 ❸의 오징어를 생선구이용 석쇠로 굽기만 하면 된다. 마요네즈 등을 찍어서 먹는다.

중조(탄산수소 나트륨)는 푹 끓이면 거품이 많이 나오므로 끓어넘치는 것에 주의한다. 맨 처음에 나오는 거품은 알칼리액이기 때문에 제거하는 것이 좋지만, 조린 국물이 탁해진 뒤에 나오는 거품은 두부가 녹은 것이므로 제거하지 않아도 괜찮다.

마른오징어를 생생하게 만드는 법

1
사각형 그릇 등에 물을 넣어 중조를 녹여서 중조수를 만든다.

2
❶의 중조수에 마른오징어를 담가 하룻밤 둔다.

3
다음 날, 생오징어처럼 부드러워진다.

왜 그럴까?

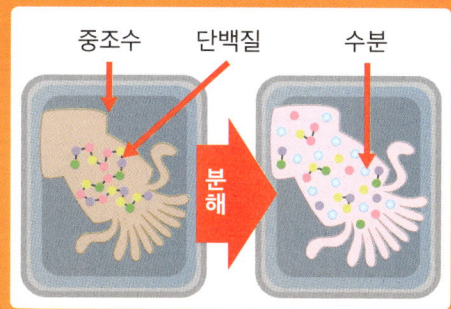

중조수 　 단백질 　 수분
분해

중조는 물에 녹이면 약알칼리성이 된다. 알칼리 성분은 단백질을 분해해서 물이 배어들기 쉽게 해 주기 때문에 오징어가 부드러워진다.

더 자세히

중조의 성분은 **탄산수소 나트륨**이다. 탄산수소 나트륨을 녹인 물은 동물성 단백질과 식물성 단백질을 분해하는 작용을 해서 고기를 부드럽게 만들거나 산나물의 떫은맛을 뺄 때도 사용된다.

도움말

조미료와 물로 마른오징어를 불려 요리에 쓸 수도 있지만, 싱싱한 생오징어에 가깝게 만들려면 중조를 사용하는 것이 핵심이다.

중조는 적당히 사용하면 재료를 부드럽게 만들지만, 지나치게 많이 사용하면 씁쓸해지니 주의하도록 해요.

냄비 두 개로 양쪽에서 꽉!
언 식재료 재빨리 해동하기

식재료가 냉동실에서 꽁꽁 얼면 해동시키는 데에도 시간이 걸려요. 딱딱하게 언 식재료를 녹이려면 여러 가지 방법이 있지만, 알루미늄 냄비 두 개로 간단하고 빠르게 해동할 수 있어요.

준비물

- 알루미늄으로 만든 냄비 2개
- 해동하고 싶은 식재료
- 물
- 타월

도움말
접촉면 한쪽은 알루미늄 냄비 뚜껑으로 대체해도 된다.

냄비 대신 이런 도구도 사용 가능!

알루미늄으로 만든 사각형 그릇
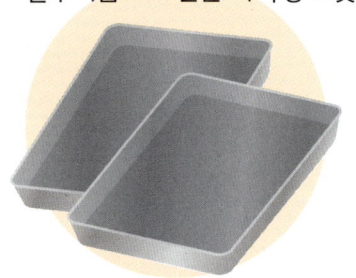

알루미늄으로 만든 둥근 도시락통

!주의!
식재료가 알루미늄 냄비 면과 접촉해야 효과가 있으므로 위생을 위해 식재료를 랩으로 싼 뒤 실험하자!

재빠르게 해동하는 법

1

알루미늄으로 만든 냄비 두 개를 준비하고 한쪽 냄비에 물을 넣는다.

2

타월을 깔고 그 위에 물이 들어 있지 않은 쪽 냄비를 뒤집어 놓은 다음 그 위에 식재료를 올린다.

3

❷의 위에 물을 넣은 냄비를 올린다.

4

10~30분 정도 두면 해동이 된다.

※ 해동 시간은 식재료 두께 등에 따라 다르다.

왜 그럴까?

물 온도가 식재료에 전달된다.

물

공기

언 식재료

식재료에 공기 온도가 전달된다.

열은 온도가 높은 쪽에서 낮은 쪽으로 전달되는 성질을 띤다. 이 실험에서는 위쪽 냄비 안의 물 온도와, 아래쪽 냄비 안의 공기 온도가 알루미늄을 통해 언 식재료에 전달이 되어 해동이 빨리 된다. 이처럼 열의 전달 정도를 나타내는 수치를 <u>열전도율</u>(이 책 23쪽, 31쪽 참고)이라고 한다. 특히 알루미늄이나 구리 같은 금속은 열전도율이 높아서 얼어 있는 식재료가 빨리 녹는다.

열전도율은 고체 > 액체 > 기체 순서로 높아요. 그래서 90도인 뜨거운 물(액체)에 닿으면 화상을 입지만, 90도인 사우나(공기=기체)에서는 화상을 입지 않아요.

아주 빨리 얼음을 만드는 간단한 방법

여름이 되면 시원한 얼음을 많이 먹어요. 냉동실에 얼려 둔 얼음을 너무 많이 먹어서 '얼음이 없어!' 하고 외친 경험을 한 적 있나요? 그럴 때 알루미늄 컵을 사용하면 얼음을 빨리 만들 수 있어요.

준비물

- 알루미늄 포일로 만든 컵
- 알루미늄으로 만든 사각형 그릇
- 플라스틱으로 만든 용기
- 물
- 냉동고

알루미늄 외에 다른 용기로도 얼음을 만들어 속도를 비교해 보자!

실리콘으로 만든 얼음 틀

유산지 종이컵

그 밖에…
도자기나 유리 등 소재가 다른 (냉동 가능해야 함) 용기로도 만들어 보자.

아주 빨리 얼음 만드는 법

1

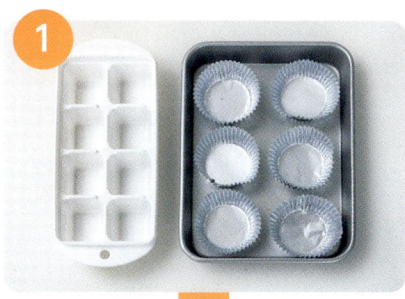

사각형 그릇에 알루미늄 포일로 만든 컵을 올린다.

※ 얼음 만들어지는 속도를 비교하기 위해 플라스틱 얼음 틀도 준비하기.

2

각각의 용기에 같은 양의 물을 넣는다.

※ 얼음이 만들어지는 속도를 비교하기 위해 물의 양은 같게 한다.

3

❷의 용기를 냉동실에 넣고 30분쯤 기다린다.

4

플라스틱으로 만든 용기 안의 물은 그대로이지만, 알루미늄으로 만든 컵 안에 든 물은 얼음이 되어 있다.

왜 그럴까?

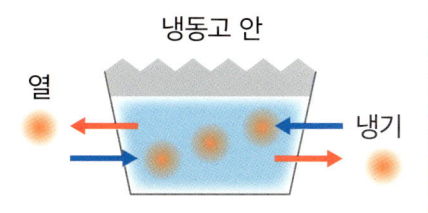

알루미늄은 <u>열(주위의 온도)</u> 전달이 쉽게 되는 <u>금속</u>이기 때문에 냉동고 속의 온도가 빨리 전달되어 플라스틱 용기에 든 물보다 더 빨리 차가워진다.

더 자세히

<u>열의 전달 정도</u>를 열전도율(이 책 23쪽, 29쪽 참고)이라고 한다. 열전도율은 소재에 따라 다르며 알루미늄은 플라스틱보다 약 2000배 더 쉽게 열이 전달된다.

알루미늄으로 만든 컵 안에 든 얼음은 냉동고에서 꺼낸 뒤 그대로 두면 얼음이 녹는 속도도 빨라요.

병 안에서 굳은 후춧가루를 소금의 힘으로 바슬바슬하게!

요리에 맛을 내기 위해 후추를 사용하려는데, 병 안에서 후춧가루가 단단히 굳어 나오지 않았던 경험이 있나요? 그럴 때는 소금을 이용하면 굳은 후춧가루를 원래대로 되돌릴 수 있어요.

준비물
- 병 안에서 굳은 후춧가루
- 소금
- 티스푼

후춧가루를 사용할 때 주의할 점

뚜껑을 꽉 닫는다

따뜻한 음식 위에서 직접 뿌리지 않는다

일단 작은 접시에 덜어 낸다.

!주의!
후춧가루가 굳는 원인은 열기 때문이다. 식재료를 요리 중일 때나, 금방 완성되어 따뜻한 요리 위에서 후춧가루 병을 흔들면 따뜻한 김이 병에 들어가서 후춧가루가 습기를 머금게 되어 점점 굳어진다.

굳은 후춧가루를 부활시키는 법

1
후춧가루 병 안에 소량(티스푼 반 정도)의 소금을 넣는다.

2
병뚜껑을 닫고 30초 정도 잘 흔든다. 상태를 보고 후춧가루가 아직 굳어 있으면 소금을 조금 더 넣어 다시 한번 흔든다.

3
병 안의 굳은 후춧가루가 다시 바슬바슬한 상태가 된다.

4
바슬바슬한 상태로 부활했으면 '후추 소금'으로 사용하자.

왜 그럴까?

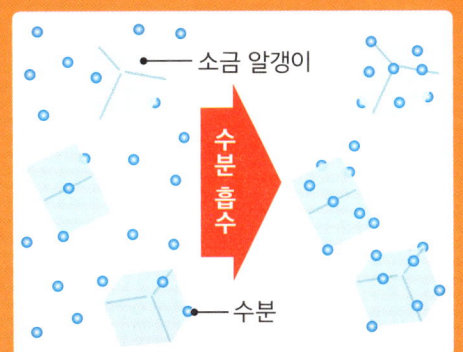

소금에는 습기를 흡수하는 성질이 있다. 굳은 후춧가루 병에 소금을 넣어 흔들면 후춧가루를 굳혔던 수분을 소금이 흡수하여(흡습), 후춧가루가 바슬바슬한 상태로 돌아온다.

더 자세히

소금에는 수분을 **흡수하는(흡습)** 성질이 있어서 습기가 많은 장소에 소금을 장시간 두면 소금 가루가 들러붙어 굳은 상태가 되고 만다.

소금 대신 생쌀을 넣어도 후춧가루가 바슬바슬해져요.

딱딱한 설탕이 바로 바슬바슬!
굳은 설탕 되돌리는 법

요리를 하거나 과자를 구우려고 설탕을 넣으려는데, 설탕이 딱딱하게 굳어 있어 곤란할 때가 있어요. 설탕이 굳는 원인은 건조함과 습기 둘 중 하나인데, 어느 쪽이 원인인지는 설탕 종류에 따라 달라요.

준비물

건조함이 원인인 경우
- 굳은 설탕
- 키친타월
- 물

습기가 원인인 경우
- 굳은 설탕
- 내열 용기
- 전자레인지

설탕이 굳은 것은 어느 쪽 탓?

건조
➡ 상백당
➡ 삼온당

습기
➡ 그라뉴당
➡ 슈거 파우더

사탕수수와 사탕무를 가공해 만들어지는 설탕은 정제 정도에 따라 상백당, 삼온당, 그라뉴당, 슈거 파우더 등으로 나뉜다. 설탕 종류에 따라 굳는 원인이 다르다.

!주의!
전자레인지에 돌린 내열 용기는 아주 뜨거우니 주의하자!

건조가 원인인 경우

1. 굳은 설탕이 든 용기 위에, 물로 적신 뒤 꽉 짠 키친타월을 씌워 한 시간 정도 둔다.

2. 키친타월을 벗기고 숟가락 등으로 으깨면 굳은 덩어리가 허물어져 바슬바슬해진다.

왜 그럴까?

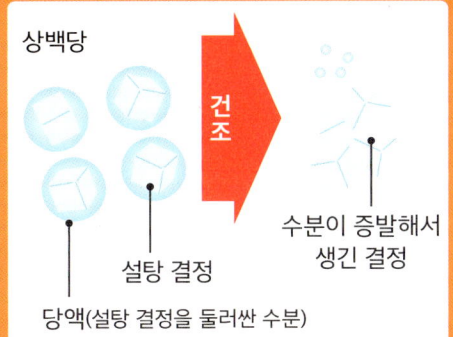

상백당 → 건조 → 수분이 증발해서 생긴 결정
설탕 결정
당액(설탕 결정을 둘러싼 수분)

상백당은 설탕 결정 주위가 <u>당액</u>으로 덮여 있다. 그래서 건조하면 당액 수분이 증발해 작은 결정이 되고 설탕 결정끼리 달라붙어 덩어리가 진다. 따라서 수분을 보충하면 당액이 원래대로 돌아가서 설탕이 다시 바슬바슬해진다.

습기가 원인인 경우

1. 굳은 설탕을 내열 용기에 넣어 전자레인지에 30초 정도(고주파 출력 600와트 기준) 가열한다.

2. 설탕을 전자레인지에서 꺼내 숟가락 등으로 흩뜨린다. 잘 흩뜨러지지 않으면 30초씩 더 가열한다.

더 자세히

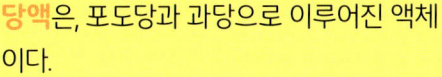

<u>당액</u>은, 포도당과 과당으로 이루어진 액체이다.

설탕이 굳은 것이 건조가 원인이라면 분무기로 수분을 뿌려도 바슬바슬해져요.

보관과 운반이 편리한 알파화미 만들기

'알파화미'라는 밥을 먹어 본 적이 있나요? 물만 부으면 먹을 수 있는 알파화미는 오래 보관이 가능해서 재해가 일어났을 때 훌륭한 비상식량으로 쓸 수 있어요. 집에서도 만들 수 있으니까 도전해 보세요!

준비물

- 지은 밥
- 쿠킹 시트 또는 종이 호일
- 소쿠리
- 오븐
- 위생 비닐
- 긴 젓가락 등

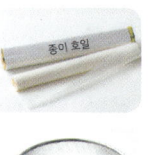

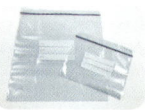

알파화미를 다양하게 먹는 법

토마토 리소토풍 알파화미

알파화미 100g에 야채 주스 200㎖, 콩소메 큐브 1/2개를 넣어 잘 섞는다. 90분 정도 기다리면 완성! 사진은 참치(왼쪽)나 콘비프(오른쪽)를 얹은 알파화미다.

- 리소토 : 쌀을 수프나 백포도주로 삶고 치즈 등을 넣고 만든 이탈리아 요리다.
- 콩소메 : 고기나 채소 등을 푹 삶은 물을 걸러 만든 맑은 수프로 프랑스 음식이다.
- 콘비프 : 소금이나 향신료 등을 넣고 절인 쇠고기를 뜻한다.

!주의!

알파화미는 이론상 20년 정도 보관할 수 있다고 알려져 있지만, 직접 만든 것은 실험용이므로 되도록 빨리 먹자.

알파화미 만드는 법

1 지은 밥을 물로 씻어 끈기를 없앤다.

2 쿠킹 시트 위에 **1**의 밥을 얇게 펼친다. 오븐은 100도~110도로 설정해 둔다.

3 밥이 건조될 때까지 100분 이상 가열한다. 골고루 건조되도록 중간에 몇 번이고 밥을 뒤섞는다.

4 밥이 식으면 밀폐가 가능한 위생 비닐(지퍼백) 등에 넣고 공기를 뺀 다음 보관한다.

왜 그럴까?

① 생쌀
베타 녹말
(소화하기 어렵다)

→ 물을 더해 가열함

② 지은 밥
알파 녹말
(소화하기 쉽다)

→ 급속 건조

③ 알파화미
알파 녹말 상태를 유지함

갓 지은 밥을 그대로 두면 식으면서 서서히 베타화하지만(소화가 어려움), 지은 밥을 급속히 건조시키면 알파화 상태를 유지한다(소화가 쉬움). 그래서 ③의 알파화미는 소화하기 쉬운 상태로 유지되면서 쉽게 상하지 않아 보관에 적합하게 된다.

수분이 남아 있으면 그 부분에 곰팡이가 생기기 때문에 확실하게 건조시켜야 해요.

신문지의 대활약!
채소를 오래 보관하는 비결

채소를 구입한 그대로 냉장고에 넣고 있나요? 채소는 신문지에 싸서 냉장고에 넣어 두면 신선한 상태로 오래 보관할 수 있어요. 채소별로 추천하는 보관법을 소개할게요.

준비물

- 보관하려고 하는 각종 채소
- 신문지   • 냉장고
- 지퍼백 또는 식품 보관용 비닐

보관 포인트

채소를 싸는 신문지는 2~3일에 한 번씩 바꿔 준다.

신문지 대신에 키친타월로 감싸도 된다.

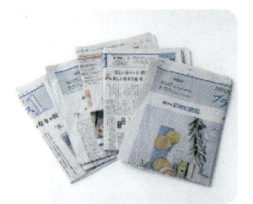

!주의!
여기 소개된 방법은 모두 자르지 않은 채소를 보관하는 법이다.

당근 보관법

표고버섯도 가능하다!

채소를 각각 신문지에 싸서 냉장고의 채소 보관실에 넣는다.

감자 보관법

양파, 고구마도 가능하다!

신문지에 하나씩 싼 다음 통풍이 잘되고 볕이 들지 않은 시원한 곳에서 보관한다.

파 보관법

가지, 피망, 배추, 오이도 가능하다!

신문지에 싸서 여름에는 냉장고의 채소 보관실에 보관하고, 그 이외의 시기에는 통풍이 잘 되는 그늘진 곳에 보관한다.

시금치 보관법

소송채, 무, 양배추도 가능하다!

물로 살짝 적신 신문지에 싸서 지퍼백에 넣은 다음 냉장고의 채소 보관실에 보관한다.

왜 그럴까?

습기에 약한 당근 — 신문지 — 수분을 흡수한다.
건조에 약한 시금치 — 신문지 — 수분을 유지시킨다.
수분

신문지는 바깥이 습도가 높으면 흡습(수분을 흡수함)을 하고, 바깥 습도가 낮으면 습기를 방출(수분을 밖으로 내보냄)하는 두 가지 성질을 지닌다. 따라서 당근과 감자처럼 습기에 약한 채소를 신문지로 감싸면 수분을 흡수하고, 시금치처럼 건조에 약한 채소를 축축한 신문지로 감싸면 채소의 수분을 지킬 수 있다.

채소를 신선한 상태로 저장하려면 각각의 채소에 적합한 온도와 습도에서 보관하는 것이 중요해요.

음식 보관용 비닐로 바나나를 맛있게 오래 보관하는 비법

싱싱한 바나나를 사서 실온에 두었다가 먹으려고 할 때, 바나나 껍질에 얼룩덜룩 점이 생기고 속은 물러진 경험을 한 적 있나요? 바나나를 싱싱하게 오래 보관하려면 하나씩 나누어 보관하는 것이 중요해요.

준비물

- 바나나
- 위생 비닐

 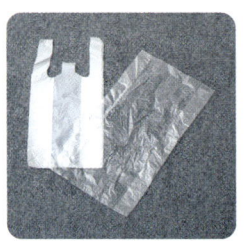

바나나를 보관하는 또 다른 요령

상온이라면 14도에서 20도
통풍이 잘 되는 장소에서 보관

산 모양으로 엎어 놓는다.
오목한 쪽이 아래로 향하게 보관

하나씩 나눠서 꼭지 부분을 랩으로 감아 둔다.

바나나를 오래 보관하는 법

1

그대로 / 위생 비닐에 넣기

바나나의 심대가 붙은 꼭지 부분을 잘라서 음식 보관용 비닐에 하나씩 넣은 다음 봉지 입구를 묶어 상온에서 보관한다.

2

사흘 뒤.
※ 실험할 때(일주일 동안) 하루 평균 기온은 20도 전후.

3

닷새 뒤.

4

일주일 뒤. 비닐에 넣지 않은 바나나(왼쪽 두 개)와 넣은 바나나(오른쪽 두 개)에서 큰 차이가 생겼다.

왜 그럴까?

에틸렌 가스

바나나에서 만들어지는 '에틸렌'이라는 물질은 과일을 빨리 숙성시켜서 단맛을 서서히 증가시키고 과육을 부드럽게 만든다. 바나나 하나에서 나오는 에틸렌은 다른 바나나에도 영향을 쉽게 끼치기 때문에 바나나는 하나씩 잘라서 각각 비닐에 넣어 보관해야 한다. 그래야 에틸렌의 영향을 서로 받지 않아서 숙성 속도가 늦어지고 오래 신선함을 유지한다.

바나나는 추위에 약해서 냉장고의 채소 보관실에 보관하면 숙성 늦어져 신선함을 오래 유지해요.

꿀물에 담가 놓으면 껍질 벗긴 사과도 색이 그대로!

껍질을 예쁘게 깎은 사과를 공기 중에 그대로 두면 금방 갈색으로 변하는데, 이를 갈변 현상이라고 해요. 이럴 때는 사과를 꿀 녹인 물에 담그면 맛 좋은 상태 그대로 색이 변하는 것도 막을 수 있어요.

준비물
- 사과
- 꿀
- 물
- 계량스푼
- 그릇

다른 과일의 변색도 막을 수 있다!

배

복숭아

!주의!
꿀은 한 살 미만 아기에게는 절대 먹여서는 안 된다.

깎은 사과의 변색을 막는 방법

1

약 20% 농도의 꿀물을 만든다.
예 : 물 500cc(약 500g)에 꿀 7큰술(약 105g). 1큰술은 15cc(약 15g)이다.

2

껍질을 깎아서 자른 사과를 꿀물에 2~3분 정도 담근다.

3

 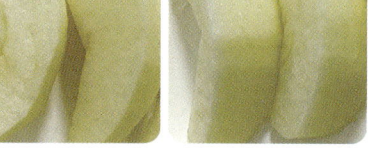

그대로 둔 사과   꿀물에 담근 사과

아무것도 하지 않은 사과와 꿀물에 담근 직후의 사과.

4

그대로 둔 사과   꿀물에 담근 사과

여섯 시간 뒤, 꿀물에 담근 사과는 색이 바뀌지 않았다.

왜 그럴까?

꿀물에 담근다.   꿀물에 담그지 않는다.

산소   폴리페놀   산소

꿀물   폴리페놀

아무것도 하지 않고 공기 중에 그대로 둔 사과가 변색하는 것은, 사과에 포함된 폴리페놀이 공기와 접촉함으로써 산화하기 때문이다. 하지만 꿀물에 담근 사과는 꿀의 당이 사과 표면을 덮어 산화를 막아 준다.

더 자세히

폴리페놀은 식물에 존재하는 쓴맛을 내는 색소 성분이다. 산화란 어떤 물질이 공기 중의 산소와 결합하여 다른 물질로 변화하는 것을 말한다.

사과를 소금물이나 설탕물에 담그는 방법도 있지만, 꿀물이 점도가 높아서 효과가 더 좋아요.

초간단! 손으로 짜는 것만으로 과즙 100% 주스 만들기

냉동실에서 얼린 사과를 손으로 짜는 방법으로, 달고 맛있는 사과 주스를 만들 수 있어요. 집에 믹서기나 주서기가 없어도 간단히 만들 수 있으니 꼭 실험해 보아요.

준비물

- 사과
- 그릇
- 비닐장갑
- 컵
- 냉동고

이런 주스도 만들 수 있다!

복숭아   당근   고구마

생고구마로도 가능!

!주의!
짤 때 힘을 너무 많이 주면 과즙이 튀어 버리니 주의하자.

과즙 100% 주스 만드는 법

1  사과를 냉동실에 넣어서 하룻밤 이상 둔다.

2 냉동실에서 사과를 꺼내 다섯 시간 정도 상온에서 해동한다.

3  그릇을 받치고, 해동이 된 사과를 손으로 짠다.

4  과즙 100% 주스 완성! 컵에 따라서 마셔 보자.

왜 그럴까?

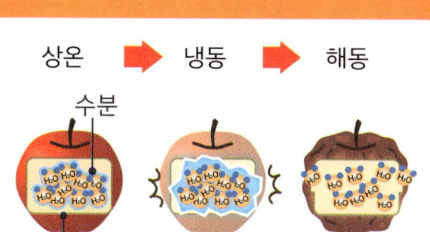

상온 ➡ 냉동 ➡ 해동

수분
세포(실제로 많이 있다)

과일은 세포 안에 수분을 많이 함유하고 있다. 과일을 냉동하면 세포 안의 수분이 얼면서 팽창해 세포막을 찢어 버린다. 그 때문에, 얼린 과일을 해동하면 찢어진 세포막에서 수분이 배어 나와 간단히 짤 수 있게 된다.

더 자세히

세포란, 생물의 몸을 구성하는 최소 단위다. 동물과 식물도 세포로 이루어져 있다. 세포막이란, 세포의 내측과 외측을 구분하는 막이다.

이 실험에서는 '물이 얼면 부피가 늘어난다'는 성질을 이용하고 있어요.

비타민으로 빛을 낸다!?
빛나는 타피오카 음료 만들기

시원한 음료 안에 든 탱글탱글 맛있는 타피오카를 먹어 본 적 있나요? 놀랍게도, 음료 안에 든 쫀득쫀득 타피오카를 빛이 나게 만들 수 있답니다. 어떻게 빛이 나는지 실험해 보아요.

준비물

- 타피오카(건조 타입)
- 비타민 B2
- 막자
- 막자사발
- 조금 큰 냄비
- 좋아하는 음료
- 컵
- 블랙 라이트(자외선 손전등)
- 가스레인지
- 타피오카를 섞는 도구 (긴 젓가락 등)

메모
타피오카는 '카사바'라는 식물의 알뿌리에서 나온 녹말이다.

!주의!
블랙 라이트의 빛을 직접 보거나 사람의 눈에 쏘지 않도록 할 것!

빛이 나는 타피오카 음료 만드는 법

1
막자사발과 막자를 이용해 비타민 B2 알약을 갈아서 으깬다.
※ 사용량이 정해진 것은 아님.

2
건조한 상태의 타피오카와 ❶을 함께 섞는다.
※ 사진은 타피오카 100g + 비타민B2 20알(❹의 약 다섯 잔분).

3
❷를 30분~1시간 정도 삶는다(삶는 시간은 타피오카의 포장지 표시에 따른다).

4
❸을 소쿠리에 얹어 물을 빼고 좋아하는 음료와 함께 컵에 넣어 자외선 손전등 빛을 쏘이면 타피오카가 빛이 난다.

왜 그럴까?

① 자외선을 흡수한다.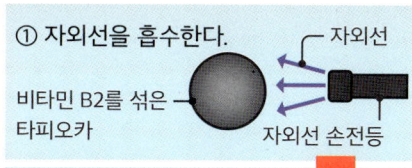
비타민 B2를 섞은 타피오카 — 자외선 — 자외선 손전등

② 자외선에서 높은 에너지를 얻어 불안정한 상태가 된다.

③ 원래의 안정된 상태로 돌아가려고 빛(형광)을 발한다.
형광

비타민 B2는 눈에 보이지 않는 빛인 '자외선'을 흡수하고, 눈에 보이는 빛은 내놓는 성질이 있다. 따라서 자외선 손전등을 비추면 타피오카에 섞은 비타민 B2가 자외선을 흡수하고 에너지를 다시 내보내서 타피오카가 빛이 난다.

여기에서는 사이다에 타피오카를 넣어 보았어요. 그 밖에도 '빛나는 계란구이', '빛나는 핫케이크' 등 다양한 음식에 도전해 보세요!

여름에 추천! 한천 가루로 녹지 않는 아이스크림 만들기!

아이스크림은 차갑고 맛있지만, 먹는 사이에 녹아 버리곤 해요. 그런데 우뭇가사리로 만든 한천 가루를 사용하면 무더운 날에도 녹지 않는 아이스크림을 만들 수 있답니다!

준비물

- 우유 200㎖
- 통조림 귤 100g
- 국자
- 한천 가루 2g
- 냄비
- 아이스크림 틀
- 설탕 15g
- 주걱 등
- 가스레인지

귤 대신 이것을 넣어도 맛있다!

좋아하는 과일

팥소(20g 정도)

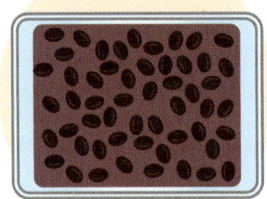

!주의!
불을 사용해야 하니 꼭 어른과 함께 만들자.

녹지 않는 아이스크림 만드는 법

1

냄비에 모든 재료를 넣는다. 한천이 덩어리 지지 않도록 주걱 등으로 섞으면서 끓기 직전까지 데운다.

2

냄비를 불에서 내려 식힌 후 국자를 이용해 아이스크림용 틀에 넣는다.

3

냉동실에서 3~4시간 정도 얼린다.

4

한천을 넣지 않은 것   한천을 넣은 것

완성. 사진은 냉동고에서 꺼내어 30분 후. 한천을 넣은 아이스크림(오른쪽)은 전혀 녹지 않았다.

왜 그럴까?

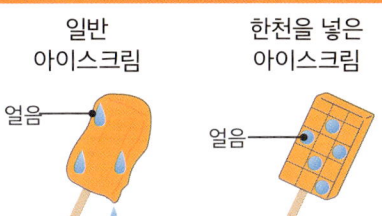

일반 아이스크림   한천을 넣은 아이스크림
얼음   얼음

일반적인 아이스크림은 얼음, 유지방, 공기에서 생긴 기포 등으로 만들어져서 온도가 오르면 얼음이 녹아 버린다. 하지만 한천은 그물 같은 구조로 되어 있어 얼음을 가두기 때문에 아이스크림 속 수분이 결합해 얼음 결정이 만들어지는 것을 방지하므로 한천이 녹지 않는 이상 얼음은 녹지 않는다.

더 자세히

한천은, 우뭇가사리와 꼬시래기라고 하는 해조류로 만들어진다. 이들 해조류에는 '아가로오스'라고 하는 그물코 모양 성분이 포함되어 있어서 따뜻하게 한 후 차갑게 하면 굳는 성질이 있다.

한천이 녹는 온도는 70도 이상이에요. 그래서 약간의 더위에서는 녹지 않아요.

흔들기만 해도 완성!
얼음 × 소금으로 샤베트 만들기

얼음과 소금을 섞어 흔드는 것만으로도 눈 깜짝할 사이에 맛있는 샤베트가 만들어져요. 무척 간단해서 간식으로 먹기에도, 자유 연구를 하기에도 안성맞춤! 반드시 가족과 함께 만들어 보세요!

준비물

- 좋아하는 주스 200㎖
- 계량스푼
- 얼음, 약간 큰 지퍼백의 반 정도
- 담는 그릇
- 소금 2큰술
- 지퍼백 큰 것 1장, 작은 것 1장
- 타월

얼음과 소금의 양을 바꾸면 어떻게 될까?

얼음만

소금 2배(4큰술)

!주의!
소금이 섞인 얼음은 매우 차가우니까, 만들 때는 반드시 얼음이 들어 있는 지퍼백을 타월 등으로 감싸자.

흔들어서 샤베트 만드는 법

1

작은 지퍼백에 주스를 넣는다. 큰 지퍼백에는 소금과 준비한 얼음의 절반을 넣어서 섞는다.

2

얼음이 든 큰 지퍼백 안에, 주스가 든 작은 지퍼백과 남은 얼음을 모두 넣는다.

3

❷를 타월로 잘 싸서 약 5분간 흔든다. 작은 지퍼백 안의 주스가 얼지 않은 경우는 흔드는 시간을 추가한다.

4

주스가 얼었으면 주스가 든 작은 지퍼백을 꺼내 내용물을 그릇에 담는다.

왜 그럴까?

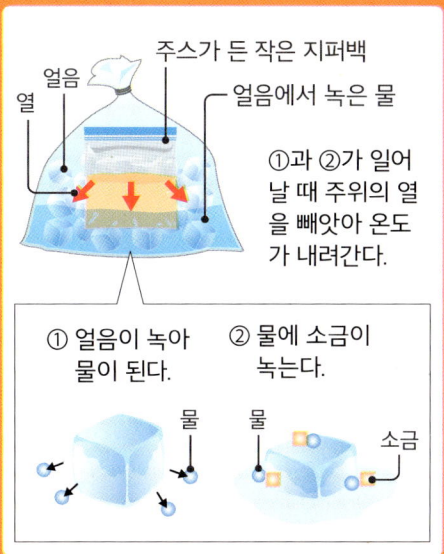

① 과 ② 가 일어날 때 주위의 열을 빼앗아 온도가 내려간다.

① 얼음이 녹아 물이 된다.
② 물에 소금이 녹는다.

얼음에 소금을 섞으면 소금이 녹을 때 얼음에서 열을 빼앗아(흡열 반응) 얼음에서 녹은 물(빙수)의 온도가 급속히 내려간다. 그때 주스의 온도도 내려가서 샤베트 상태가 된다.

물에 소금이 섞이면 어는 온도가 0도에서 내려가는 '응고점 강하'라는 현상이 생겨요.

우유 × 레몬으로 맛있는 코티지치즈 만들기

코티지치즈는 맛이 강하지 않고 부드러워 먹기 쉬운 치즈예요. 세계에서 가장 오래된 치즈로 알려져 있으며 옛날부터 사람들이 즐겨 먹었죠. 요리와 과자에도 이용할 수 있는 코티지치즈를 만들어 보아요.

준비물

- 우유 500mℓ
- 스테인리스 채망
- 레몬즙 2큰술
- 키친타월
- 가스레인지
- 냄비
- 그릇
- 국자
- 계량스푼

레몬즙 대신 이것도 가능!

쌀 식초

사과 식초

맛의 차이를 비교해 보는 것도 즐거워요!

코티지치즈 만드는 방법

1. 냄비에 우유를 넣어 끓기 직전까지 약불로 데운다. 불을 끄고 레몬즙을 넣어 가볍게 섞는다.

2. 잠시 뒤 하얀 덩어리와 황색을 띤 수분으로 나뉜다.

3. 채망에 키친타월을 깔고 그릇에 얹는다. ❷를 채망에 부어서 거른다.

4. 식으면 가볍게 물기를 짜서 완성.

왜 그럴까?

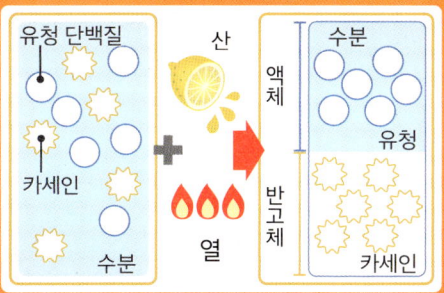

우유의 단백질 안에 함유된 **카세인**은 서로 반발하는 특징이 있다. 그렇기 때문에 우유 안에서는 분산되어 있지만, 레몬 같은 산성 물질이 더해지면 카세인끼리 달라붙어 굳어져서 코티지치즈가 된다.

· 유청 단백질 : 젖을 가만히 놓아둘 때 위에 고이는 노르스름한 물인 유청에 함유된 단백질.

더 자세히

카세인은 포유류의 젖 속에 들어 있는 단백질의 일종으로 레몬 등 산성 물질을 넣으면 수분이 분리된다.

카세인과 분리되어 생긴 투명 액체를 유청이라고 해요. 유청에 함유된 단백질은 영양소가 풍부해 요리에 활용할 수 있어요.

점점 색이 바뀐다!? 알록달록 예쁜 색깔 면 만들기

면 요리는 사람들이 자주 먹는 식사 메뉴예요. 맛있긴 하지만 며칠이나 계속 먹으면 조금 싫증이 날 수도 있겠죠? 그럴 때는 알록달록 다양한 색 면으로 요리를 해 봐요!

준비물

- 중화면(중국 요리에 많이 사용되는 중면 굵기의 면)
- 적양배추
- 물
- 스테인리스 채망
- 담기용 접시 등
- 식초 또는 레몬
- 냄비
- 긴 젓가락
- 가스레인지

이런 면도 가능함!

야끼소바용 면

인스턴트 면

성분에 '간수'가 들어 있는 면 제품들

알록달록 면 만드는 법

1

적양배추를 가늘게 썰어 물을 넣은 냄비에서 익힌다. 끓인 뒤 5분 정도 지나면 적양배추를 꺼낸다.

2

❶의 뜨거운 물로 중화면을 삶는다. 면은 녹색으로 변한다. 완전히 익은 면을 채망에 올려 물기를 뺀다.

3

❷의 면 절반을 덜어 한쪽에 식초를 뿌려서 섞는다. 식초를 넣은 면은 분홍색으로 변한다. (사진 가운데 면은 물에 삶은 보통 면이다.)

좋아하는 재료를 얹어서 먹자!

좋아하는 소스나 재료를 합치면 알록달록 다채로운 색깔 면 요리가 완성!

왜 그럴까?

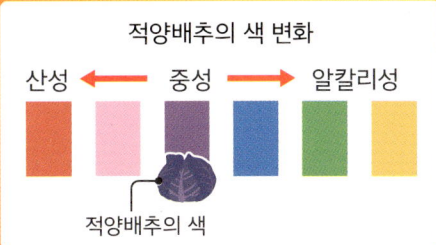

적양배추의 색 변화
산성 ← 중성 → 알칼리성
적양배추의 색

적양배추에 들어 있는 **안토시아닌**은 **알칼리성** 물질과 섞으면 **초록색**으로, 산성 물질과 섞으면 **분홍색**으로 변화하는 성질이 있다. 중화면 등에 첨가되는 간수는 알칼리성이고 식초는 산성이기 때문에 면이 초록색이나 분홍색으로 변했다.

더 자세히

안토시아닌은 폴리페놀(이 책 15쪽 참고)의 일종으로, 청자의 빛깔과 같은 푸른색을 띠는 색소 성분이다. 블루베리와 포도, 가지, 고구마 껍질 등에 포함되어 있다.

카레 가루(강황)에 포함된 쿠르쿠민이라는 성분도 색을 변화시킬 수 있어요.

삶은 달걀 껍데기를 매끄럽게 벗기는 마법의 기술

삶은 달걀의 껍데기를 벗길 때 껍데기가 산산조각이 나서 달걀흰자가 울퉁불퉁하게 벗겨질 때가 종종 있어요. 달걀 껍데기를 매끄럽고 말끔하게 벗기는 비장의 기술을 소개할게요.

준비물

- 날달걀
- 물
- 밀폐 용기
- 찻숟가락
- 냄비
- 가스레인지

껍데기를 매끄럽게 벗기는 또 다른 요령!

삶은 뒤 찬물에 담근다.

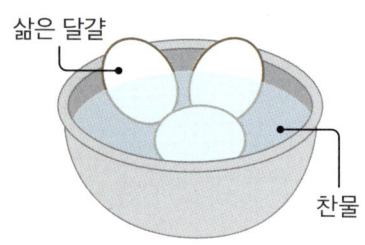

삶은 달걀
찬물

삶은 달걀이 아직 뜨거울 때 찬물에 넣으면 온도 차이로 속이 수축해서 껍데기와의 사이에 틈이 생기기 때문에 쉽게 벗겨진다.

!주의!
삶은 직후의 달걀은 뜨거우니까 화상에 주의하자.

삶은 달걀 껍데기 벗기는 법①

1
날달걀 껍데기의 궁둥이 쪽(뾰족하지 않은 쪽)에 찻숟가락 등으로 작은 금을 낸다.

2
물이 든 냄비를 가스레인지에 올려서 끓으면 ①의 달걀을 넣고 삶는다. (완숙-약 7~10분, 반숙-약 5분)

3
가스레인지의 불을 끄고 달걀을 꺼내 껍데기를 벗긴다.

4
매끄럽고 말끔하게 껍데기가 벗겨진다.

왜 그럴까?

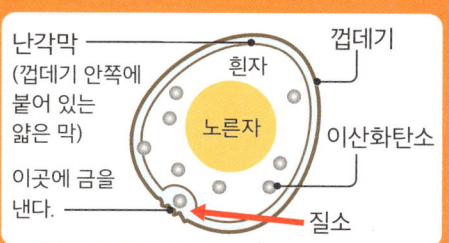

달걀을 삶으면 흰자에 포함된 이산화탄소가 껍질 안에서 팽창해 흰자가 난각막에 들러붙은 채 굳어 버리기 때문에 껍데기가 잘 벗겨지지 않는다. 하지만 날달걀의 궁둥이 쪽에 금을 내면 '기실'이라고 하는 곳에서 이산화탄소가 빠져나와 흰자와 난각막 사이에 틈이 생겨 껍데기가 매끄럽게 벗겨진다.

더 자세히

이산화탄소는 동식물이 호흡할 때 생기는 기체로, 온도가 올라가면 팽창한다.

달걀의 궁둥이 이외의 부분에 금을 내면, 난각막에 구멍이 뚫려 달걀을 삶는 사이에 흰자가 흘러나와 버리니까 주의하세요!

삶은 달걀 벗기는 법②

1
냄비에 물을 올려 끓으면 달걀을 삶는다. 삶는 시간은 좋아하는 달걀의 단단함에 맞게 한다.

2
밀폐 용기에 물을 3분의 1 정도 넣고, 삶은 달걀을 두 개 이상 넣는다.

3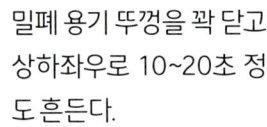
밀폐 용기 뚜껑을 꽉 닫고 상하좌우로 10~20초 정도 흔든다.

4
금이 간 곳부터 매끄럽게 벗겨진다.

왜 그럴까?

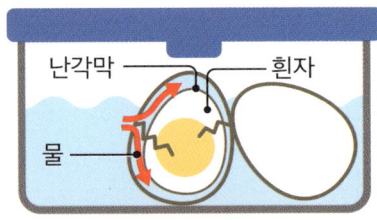

물이 든 밀폐 용기 안에 달걀을 두 개 이상 넣고 흔들면 달걀끼리 혹은 달걀이 용기에 부딪혀 달걀에 금이 생긴다. 이 금으로 흰자와 난각막 사이에 물과 공기가 들어가 틈이 생기기 때문에 껍데기가 매끄럽게 벗겨진다.

!주의!
지나치게 세게 흔들면 달걀 속 알맹이도 깨지기 때문에 힘 조절에 주의하자.

익지 않아서 흘러내릴 정도의 반숙란은 금이 생겼을 때 모양이 허물어져 버릴 수 있으므로 삶는 시간을 잘 조절하도록 해요.

제 2 장

뽀득뽀득 깨끗한 실험!

청소·세척의 원리를

과학으로 알아보자.

청소와 빨래, 설거지에도 과학의 힘이 빠질 수 없어요. 집에 있는 물건을 지혜롭게 활용해 주변을 깨끗이 만들어 보아요.

뿌옇게 더러워진 유리그릇은 소금으로 말끔히 깨끗하게!

새로 산 유리그릇은 아주 깨끗하고 투명해요. 하지만 사용하다 보면 뿌옇게 되곤 하지요. 그럴 때 소금을 활용해 씻으면 새것처럼 깨끗한 식기로 되돌릴 수 있어요!

준비물

- 오래 사용해서 뿌옇게 된 유리그릇
- 소금
- 타월

물건의 단단한 정도를 나타내는 모스 경도

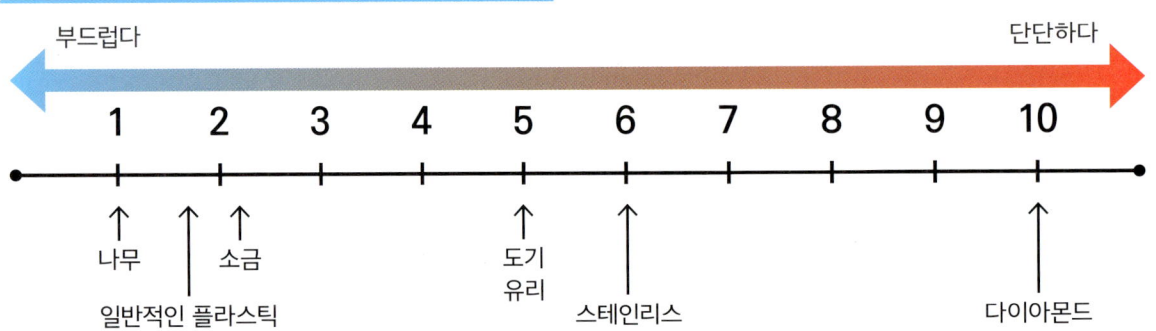

유리의 뿌연 더러움을 없애는 법

1  마른 타월에 소금을 뿌린다.

왜 그럴까?

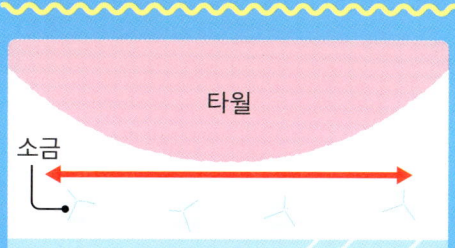

오래 사용한 유리그릇이 뿌연 이유는 수돗물에 포함된 미네랄 성분이 달라붙거나, 음식을 담았을 때 묻은 기름기나 단백질이 잘 제거되지 않고 남았기 때문이다. 이때 소금으로 씻어 내면 소금의 <u>연마 작용</u>(물체의 겉면을 윤이 나게 닦음)으로 더러움을 없앨 수 있다.

2  ①의 타월로 유리그릇 안쪽과 바깥쪽을 닦는다.
※ 유리 그릇은 마른 상태여야 함.

3  남은 소금을 닦아 낸다.

더 자세히

소금 알갱이는 딱딱하지만, 유리보다 부드럽다. 따라서 소금으로 닦아도 유리에 흠집이 생길 걱정은 없다.

4  투명한 느낌이 드는 깨끗한 상태로 돌아온다.

물건의 단단함을 나타내는 '모스 경도'(60쪽 아래)를 확인해 보세요. 숫자가 클수록 단단해요.

거무칙칙해진 은 제품은 탄산수로 반짝반짝하게!

처음에는 반짝반짝했던 은 제품이 시간이 지나 광택도 사라지고 거무칙칙해진 것을 본 적이 있나요? 이때 탄산수를 이용하면 원래의 반짝반짝했던 상태로 되돌릴 수 있어요.

준비물

- 거무칙칙해진 은 제품
- 컵이나 그릇
- 탄산수
- 안경 닦는 천

다음과 같은 물건들도 깨끗하게 만들 수 있다!

은으로 만든 목걸이

은으로 만든 스푼

!주의!
설탕 같은 식품 첨가물이 들어가지 않은 탄산수를 사용하자.

거무칙칙해진 은의 오염물을 없애는 법

1  컵에 은 제품을 넣고 탄산수를 붓는다.

2  탄산수에 담근 채로 하룻밤 동안 둔다.
※ 오염물이 많이 묻어 있으면 물의 색이 변하기도 한다.

3  다음 날, 은 제품을 컵에서 꺼내 물기를 제거한 뒤 안경 닦는 천으로 닦는다.

4  원래의 반짝반짝한 상태로 돌아왔다.

왜 그럴까?

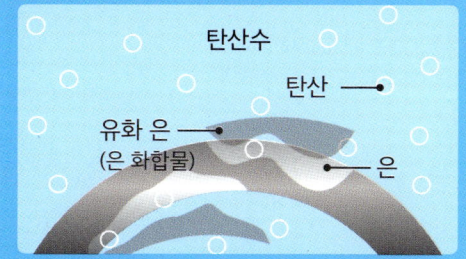

은의 색이 거무칙칙해진 이유는, 은이 공기나 사람 피부와 반응해 유화 은이라는 어두운 빛깔의 화합물을 만들기 때문이다. 유화 은으로 덮인 은 제품을 탄산수에 담그면 탄산수의 거품이 유화 은 아래로 들어가는데, 이때 거품이 터지면서 유화 은이 벗겨지는 것이다.

더 자세히

유화 은은 유황 성분과 은이 반응하여 생긴다. 따라서 은으로 만든 액세서리를 착용한 채로 유황 성분이 포함된 온천물에 들어가지 않는 것이 좋다.

같은 은 제품이라도 은 표면에 생긴 녹이나 도금(겉에만 은을 얇게 입힌 것) 제거에는 이 방법을 쓸 수 없어요.

그릇에 묻은 끈덕진 기름때는 파스타 삶은 물로 닦자!

밥을 다 먹은 뒤 그릇에 기름때가 끈적하게 묻어 있어 깨끗하게 씻기 힘들 때가 종종 있어요. 그런 경우에는 파스타를 삶은 물로 닦으면 기름때를 간단히 없앨 수 있어요.

준비물
- 기름때가 묻은 식기
- 파스타를 삶은 물

!주의!
화상 주의! 삶은 물에 손을 델 수 있으니 물이 식은 뒤에 사용하자.

기름때를 제거하는 또 다른 방법!

중국식 요리면을 삶은 물

쌀뜨물

그 밖에도…
우동 면 삶은 물도 가능하다!

그릇의 기름때를 없애는 법

1

파스타 삶은 물을 버리지 말고 준비해 둔다.

2

기름때가 묻은 그릇에 파스타 삶은 물을 붓는다.

3

삶은 물을 흘리고 물로 헹구면 기름때가 깨끗하게 씻긴다.

도움말
그릇에 묻은 기름때가 굳기 전에 씻어야 한다. 기름때가 굳으면 씻기 어려워진다.

왜 그럴까?

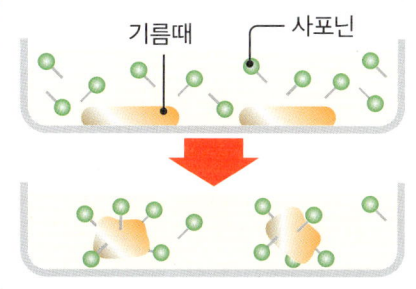

파스타와 우동 등을 삶은 물에는 **사포닌**(이 책 77쪽 참고)이라는 물질이 들어 있다. 사포닌은 '천연 계면 활성제'라 불리며, 기름기와 달라붙어 오염물을 떠오르게 하는데 그때 물로 씻을 수 있다.

더 자세히

사포닌은 물과 기름에서 모두 녹는 성질을 지녔으며, 기름기를 녹이는 작용을 하므로 기름때를 감싸서 물로 씻어 낼 수 있다. 균을 죽이는 항균 작용을 하기도 한다.

물과 기름은 섞이지 않고 서로 밀어내는 성질이 있지만, 계면 활성제에 의해 물과 기름이 섞여 기름때를 없앨 수 있게 돼요.

전자레인지에 가득 찬 냄새는 레몬 껍질로 상쾌하게!

전자레인지를 오래 사용하면 음식 냄새가 배여 쿰쿰한 냄새가 날 때가 있어요. 그럴 때는 레몬 껍질을 전자레인지 안에서 가열하면 퀴퀴한 냄새를 없앨 수 있어요.

준비물

- 전자레인지
- 레몬(껍질)
- 내열 용기
- 물

이런 냄새도 괜찮다!

귤껍질

식초

!주의!
전자레인지에서 내열 용기를 꺼낼 때 화상에 주의하자. 반드시 식은 후에 꺼내야 한다.

전자레인지에서 나는 냄새 없애는 법

1
즙을 짜내고 남은 레몬 껍질을 내열 용기에 넣고, 찰랑찰랑할 정도로 물을 붓는다.

2
①의 용기를 전자레인지에 넣은 뒤 4분 정도 데운다(600와트 출력 기준).

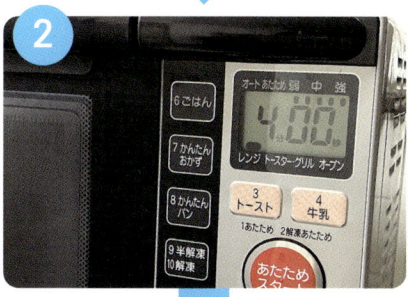

3
전자레인지의 문을 열지 않고 15분 정도 그대로 둔 뒤 레몬 물이 든 용기를 꺼낸다.

4
불쾌한 냄새가 사라지고 레몬 향이 난다. ③의 레몬수로 전자레인지 안쪽을 닦으면 더러운 부분도 쉽게 제거된다.

왜 그럴까?

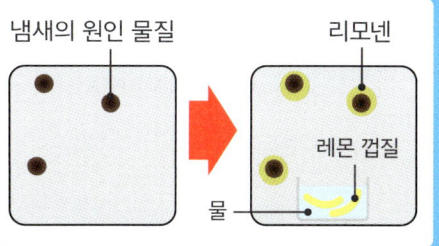

레몬 껍질에는 <u>리모넨</u>이라는 냄새 성분이 포함되어 있다. 레몬을 물에 넣고 전자레인지로 가열하면 <u>리모넨이 전자레인지 안에 퍼져서 불쾌한 냄새</u> 성분을 뒤덮어 준다.

더 자세히

리모넨은 감귤류에 들어 있는 물질로, 상쾌한 향이 나는 이유는 리모넨 때문이다. **전자레인지에서 나는 불쾌한 냄새**의 원인은, 데우는 과정에서 사방으로 튄 음식이 상하거나 탔기 때문이다.

리모넨은 기름을 분해하는 작용도 하기 때문에 기름때가 쉽게 없어져요.

지저분한 냄비도 순식간에 깨끗! 베이킹 소다의 힘

음식이 타서 냄비 안쪽에 눌어붙으면 수세미로 아무리 비벼도 좀처럼 씻기지 않아요. 그럴 때는 냄비에 물과 베이킹 소다를 넣고 가열하면 눌어붙은 것이 쉽게 떨어져요.

준비물

- 음식이 타서 눌은 냄비 등
- 베이킹 소다
- 물
- 계량 스푼
- 스폰지

냄비 재질에 따라 눌은 것을 없애는 방법도 다르다!

알루미늄으로 만든 냄비 → 식초   테프론 코팅이 된 냄비 → 물

!주의!
알루미늄이나 동으로 만들거나 테프론 코팅을 한 냄비에는 베이킹 소다를 사용하면 안 된다. 소다 성분이 이런 성분을 산화시키기 때문이다. 제품 재질을 제대로 확인 후 사용하자.

타서 눌어붙은 음식을 없애는 법

1

냄비에 눌어붙은 것이 잠길 정도로 물을 부은 다음, 물 1ℓ당 베이킹 소다 1큰술을 넣는다.

2

①의 냄비를 불에 올려 끓고 나서 15분 정도 더 가열한다.

3

불을 끄고 식을 때까지 그대로 둔다.

4

냄비의 물을 버리고 부드러운 수세미로 눌은 부분을 문지른다.
※ 잘 제거되지 않으면 수세미에 베이킹 소다를 묻혀서 문지른다.

왜 그럴까?

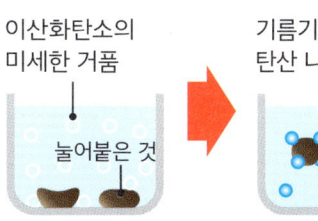

이산화탄소의 미세한 거품 / 눌어붙은 것 → 기름기와 반응한 탄산 나트륨

베이킹 소다는 가열하면 물과 이산화 탄소, <u>탄산 나트륨</u>으로 분해된다. 이산화 탄소가 거품이 되어 더러운 것이 표면에 드러나게 하고, 유분(기름기)과 반응하는 탄산 나트륨이 비누 같은 역할을 해서 눌어붙은 것을 떨어뜨린다.

더 자세히

탄산 나트륨은 강한 알칼리성을 띠며 물에 쉽게 녹기 때문에 비누를 만드는 원료로 이용된다. **비누**는 서로 반발하는 성질을 지니는 물과 기름 모두와 친해서 오염물을 떼어내 없앤다.

탄산 나트륨과 기름기는 비누와 비슷한 성분이기 때문에 이 실험은 비누를 만들면서 오염물을 없애는 방식과 같아요.

부엌의 끈적한 기름때는 드라이기의 열기로 없애자!

요리를 하고 나면 부엌의 가스레인지 주변이 기름으로 끈적끈적해지기 쉬워요. 하지만 오래된 기름때라도 드라이기의 뜨거운 바람을 쐬면 기름때가 스르륵 녹아 닦을 수 있게 돼요.

준비물

- 기름때가 묻은 곳
- 포장용 비닐 랩
- 걸레
- 고무장갑
- 드라이기
- 알칼리성 세제(기름때용)

이런 곳의 기름때를 없앨 수 있다!

가스레인지와 렌지 후드

생선구이 그릴 안

!주의!
고무장갑과 비닐 위생 장갑을 꼭 착용해야 하며 세제로 청소 후에는 충분히 환기를 해 주자.

기름때를 없애는 법

1. 기름때가 묻은 곳에 알칼리성 세제를 듬뿍 뿌린다.

2. 알칼리성 세제를 듬뿍 뿌린 곳을 랩으로 씌운다.

3. 랩에서 10cm 정도 떨어진 곳에서 드라이기의 뜨거운 바람을 충분히 쐰다. 가열 시간은 2분 이내로 한다.

4. 랩을 벗기고 걸레로 알칼리성 세제를 잘 닦아 내면 완료!

왜 그럴까?

① 열기를 가한다.

② 기름이 녹아 부드러워진다.

③ 닦아 내기 쉬워진다.

음식을 조리할 때 묻은 기름기를 오래 그대로 두면 산소와 조금씩 결합해서 한 달쯤 지나면 끈적끈적한 상태가 된다. 더 오래 방치하면 산화가 더욱 진행되어 끈적끈적한 분자가 단단하게 달라붙은 상태가 된다(중합). 그 상태의 기름때에 드라이기로 60~80도의 바람을 쐬어 주면 기름이 부드러워져서 쉽게 닦을 수 있는 상태가 된다.

기름때를 없앨 때는 따뜻하게 하는 것이 핵심이에요. 가스레인지의 삼발이같이 분리되는 것은 뜨거운 물에 5분쯤 담근 다음 씻으면 찌든 때가 더 쉽게 떨어져요.

퀴퀴한 음식물 쓰레기 냄새는 커피 찌꺼기로 없애기

음식물 쓰레기를 상온에 오래 내버려두면 아주 퀴퀴하고 고약한 냄새가 나요. 그럴 때 음식물 쓰레기에 커피 찌꺼기를 충분히 뿌려서 버리면 불쾌한 냄새를 막을 수 있어요.

준비물
- 음식물 쓰레기
- 커피 찌꺼기

!주의!
축축한 커피 찌꺼기는 곰팡이가 발생하기 쉬우니 말린 뒤에 사용하자.

이런 곳의 냄새도 막을 수 있다!

화장실 — 커피 찌꺼기

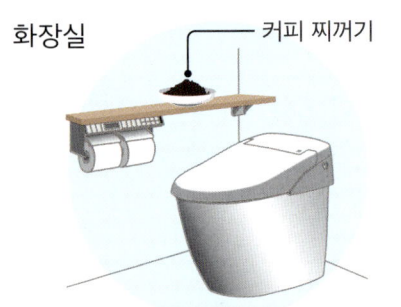

신발장 — 커피 찌꺼기

음식물 쓰레기 냄새를 막는 법

1

어른들이 마신 원두커피의 찌꺼기를 모아 충분히 잘 말린다.

2

잘 말린 커피 찌꺼기를 음식물 쓰레기에 뿌린다.

왜 그럴까?

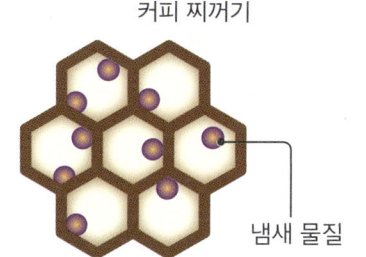

커피 찌꺼기

냄새 물질

음식물 쓰레기 냄새는 우리 코안의 후각 세포가 냄새 물질을 감지해서 맡게 된다. 커피 찌꺼기를 뿌려 두면 쓰레기의 냄새 물질이 커피 찌꺼기 표면에 난 작은 구멍으로 들어 가서 냄새가 나지 않게 된다.

커피 찌꺼기를 말리는 법

〈햇볕을 이용〉
볕이 드는 장소에 펼쳐서 둔다.

※ 건조해지면 바람에 쉽게 날리기 때문에 주의.

〈전자레인지를 이용〉
내열 용기에 넣어서 랩을 하지 말고 600와트로 1분씩 건조될 때까지 가열한다.

더 자세히

음식물 쓰레기 냄새가 나는 주요 원인은, 미생물이 음식물 쓰레기를 분해할 때 발생시키는 유해 물질 때문이다.

냄새 물질이 커피 찌꺼기의 작은 구멍에 파고들어 가면 그 안에서 커피 찌꺼기와 들러붙어 냄새 물질이 빠져나오지 못해요

병에 딱 달라붙은 스티커는 드라이기로 쓱 뗄 수 있다!

유리병이나 페트병에 끈적하게 붙은 라벨 스티커는 떼려고 해도 잘 떼어지지 않아요. 그럴 때는 라벨 스티커에 드라이기의 따뜻한 바람을 충분히 쐬면 깨끗하게 뗄 수 있어요.

준비물

- 스티커가 붙어 있는 병
- 드라이기

이런 곳의 스티커도 깨끗하게 뗄 수 있다

플라스틱

가구 — 스티커

!주의!

드라이기가 뜨거워져서 위험할 수도 있으므로 반드시 어른과 함께 사용하자. 병 소재에 따라서는 너무 뜨겁게 하지 않도록 하기!

스티커 떼는 법

1  스티커 끝을 손톱으로 긁어 살짝 벗긴다.

2 병의 스티커 전체를 드라이기의 뜨거운 바람으로 20~30초 정도 쐰다.

3  ❶에서 조금 벗겨진 부분부터 떼면 남은 부분도 깨끗하게 뗄 수 있다.

도움말
도중에 잘 떼어지지 않을 때 그 부분에 드라이기 바람을 한 번 더 쐬면 깨끗하게 벗겨진다.

왜 그럴까?

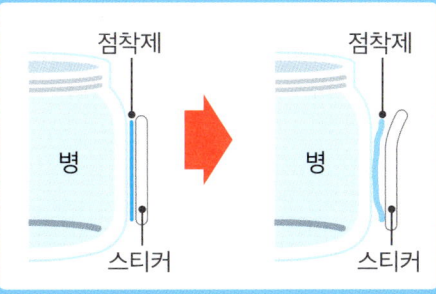

스티커의 점착제와 병 표면은 서로 끌어당기기 때문에 라벨이 병에 들러붙어 있다. 드라이기로 뜨거운 열을 가하면 점착제가 부드러워져서 스티커와 병 사이에 틈이 생기므로 끌어당기는 힘이 약해진다.

더 자세히

점착제에는 내열 온도(열에 견딜 수 있는 온도)가 있어서 그 한계점을 넘으면 점착제가 녹아 부드러워진다. 그래서 간단히 떼어 낼 수 있게 된다.

물체는 따뜻해지면 부드러워지고 차가워지면 단단해지는 성질이 있어요.

버리지 말고 활용하기!
감자 껍질로 거울이 반짝반짝

물을 많이 사용하는 욕실의 거울은 물때로 얼룩덜룩 더러워지기 쉬워요. 이렇게 생긴 얼룩은 그대로 두면 지우기 점점 어려워진답니다. 물때로 더러워진 거울 얼룩은 감자 껍질을 이용해 닦으면 아주 깨끗해져요.

준비물

- 비늘 모양의 물때가 생긴 거울
- 감자 껍질
- 마른 천

이런 곳의 물때도 깨끗해진다!

싱크대

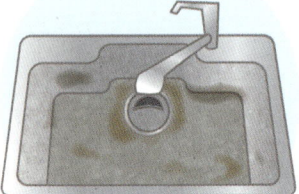

유리컵

!주의!
감자 껍질을 벗길 때 손을 다치지 않도록 어른과 꼭 함께 하자.

거울의 물때 없애는 법

1.  물때가 생긴 부분을 감자 껍질 안쪽으로 문지른다.

2. 문지른 부분을 마른 천으로 닦는다.

3.  거울이 반짝반짝해진 것을 확인한다.

왜 그럴까?

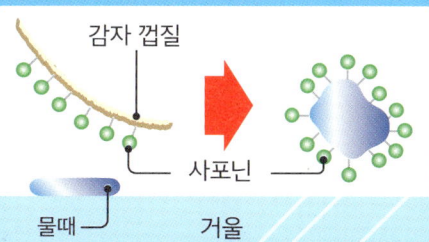

감자 껍질 — 사포닌 — 물때 — 거울

욕실 거울이 더러워지는 원인은 <u>물때</u>. 수돗물에는 규소와 같은 미네랄 성분이 들어 있는데, 거울에 묻은 물방울이 증발하면서 규소 성분이 결정 상태로 남아 물때가 생긴다. 감자 껍질에 함유된 <u>사포닌</u>은 세제처럼 오염을 없애는 작용을 하므로 물때를 제거한다. 오염을 없애는 원리는 이 책 65쪽을 확인하자.

더 자세히

물때는 수돗물에 함유된 규소와 결부되어 생긴다. **사포닌**은 식물에 들어 있는 성분으로 곰팡이나 세균의 공격을 방어하는 역할을 한다. 콩에도 많이 들어 있다.

도움말

감자의 하얀 액이 말라서 잘 닦이지 않을 때는 적셔서 꽉 짠 천으로 닦고 나서 마른 천으로 닦자.

사포닌은 거울 표면에 물방울이 생기기 어렵게 하기 때문에 김 서림 방지 효과도 있어요.

물을 자주 쓰는 곳을 청소할 때는 치약을 활용하자!

부엌과 욕실의 싱크대나 세면대, 수도꼭지나 거울이 물때로 뿌옇게 더러워진 것을 본 적 있나요? 이럴 때는 우리가 양치할 때 쓰는 치약을 이용해서 물때를 없앨 수 있답니다.

준비물

- 물때로 더러워진 장소
- 키친타월과 마른 천
- 치약(연마제 함유)
- 비닐 랩
- 뜨거운 물(뜨거운 수돗물도 가능함)

도움말

비닐 랩 대신에 필요 없는 천을 사용해도 괜찮다. 천은 치약을 너무 흡수하지 않도록 데님 같은 질긴 소재가 좋다.

!주의!
치약은 반드시 연마제가 들어간 것을 사용하자!

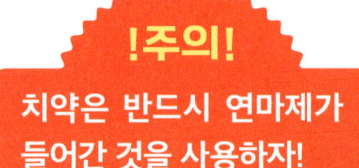

물때 없애는 법

1. 물때로 더러워진 곳의 물기를 키친타월이나 마른 천으로 닦는다.

2. 비닐 랩을 뭉쳐 치약을 묻힌 다음 더러운 곳에 문질러 바른다.

3. 뜨거운 물로 치약을 씻어 낸다.

4. 물기를 닦아 내면 완료!

왜 그럴까?

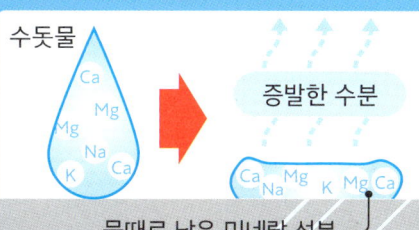

희뿌옇게 보이는 물때의 원인은 수돗물에 든 **미네랄 성분** 때문이다. 수돗물에는 칼슘, 마그네슘 같은 미네랄 성분이 들어 있어서, 물이 증발한 뒤에 미네랄 성분이 남아 하얗게 되는 것이다. 이것이 물때의 정체다.

더 자세히

수돗물에 들어 있는 칼슘과 마그네슘 같은 **미네랄 성분**은 증발하지 않기 때문에 수분이 증발한 뒤에 세면대나 거울 표면에 남는 것이다.

치약의 연마제는 치아가 손상되지 않을 정도로만 닦이기 때문에 물을 많이 쓰는 곳이나 거울도 손상되지 않게 닦을 수 있어요.

오래된 녹이 말끔하게! 레몬의 힘은 대단해

자전거 휠 부분에 적갈색 녹이 생긴 것을 본 적 있나요? 자전거의 철에 슨 녹을 그대로 두면 점점 퍼져서 나중에는 없애기가 더 어려워져요. 그래서 자전거 녹을 발견하면 레몬을 사용해 바로 제거하세요.

준비물
- 녹슨 물건
- 레몬
- 마른 천
- 키친타월
- 칫솔
- 걸레
- 녹슨 물건을 넣어 둘 용기

이런 녹도 제거할 수 있다!

자전거의 녹

공구의 녹

!주의!
레몬즙이 남아 있으면 녹이 다시 생기기 때문에 확실하게 닦아 내자.

녹을 제거하는 법

1  레몬을 짠다.

2 녹슨 부분에 ①의 레몬즙을 뿌리고 세 시간 정도 그대로 둔다.
※ 녹이 떨어지는 시간은 녹슨 정도에 따라 다르다.

3 레몬즙을 물로 씻어 내거나 걸레 등으로 잘 닦아 낸다. 녹이 많이 슬었을 때는 칫솔로 문지른다.

4  ③을 키친타월 등으로 닦아 내면 녹이 떨어진다.

왜 그럴까?

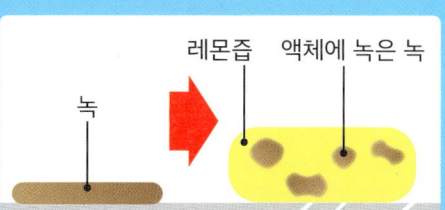

철과 같은 금속에 생긴 녹에 레몬즙을 뿌리면 과즙에 포함된 **구연산**이 녹과 반응해 녹을 녹인다. 구연산은 녹뿐만 아니라 금속 자체를 녹이는 성질을 지니므로 녹을 제거한 뒤에는 레몬즙을 꼼꼼하게 닦아 내야 한다.

더 자세히

적갈색 **녹**은 금속이 물, 산소와 접촉함으로써 발생한다. **구연산**은 레몬 같은 감귤류에 포함된 시큼한 성분이다.

철은 물과 반응한 뒤 산소와도 반응해서 적갈색의 산화철로 변화해요. 이 산화철이 바로 '녹'이에요.

청소기와 물의 힘으로 카펫의 얼룩을 말끔하게 빨아들이기

간장을 들고 다니다가 실수로 카펫에 간장을 엎질러 본 경험이 있나요? 하지만 당황하지 않아도 괜찮아요. 청소기와 물을 사용하면 카펫에 묻은 얼룩을 깨끗하게 없앨 수 있거든요.

준비물

- 간장 얼룩이 생긴 카펫 등
- 청소기
- 물
- 걸레와 타월(마른 것)

 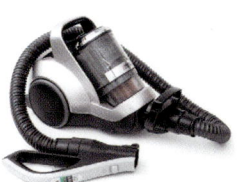  

도움말
얼룩은 '수성'과 '유성' 두 가지로 분류된다. 이 방법은 특히 수성 오염에 효과적이다. 어느 쪽 얼룩인지 먼저 확인하자.

!주의!
청소기를 너무 오래 돌리거나, 걸레를 올리지 않고 직접 카펫에 대고 빨아들이면 청소기가 고장날 수 있으므로 주의한다.

얼룩을 제거하는 법

1
카펫에서 얼룩이 생긴 부분(간장을 엎지른 부분)에 물을 뿌린다.

2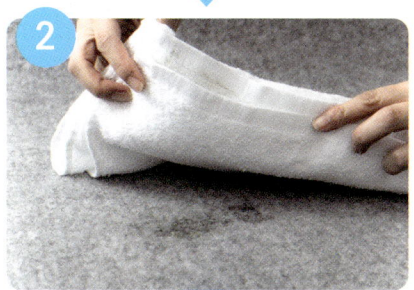
① 위에 마른걸레나 마른 수건을 올려 둔다.

3
청소기 흡입구 끝(노즐)을 뗀 다음 걸레나 타월 위에 대고 청소기를 작동시킨다.

4
카펫의 얼룩이 깨끗하게 지워진다.

※ 간장 냄새도 빨아들이기 때문에 실험하고 난 뒤 청소기를 깨끗이 닦아 놓자.

왜 그럴까?

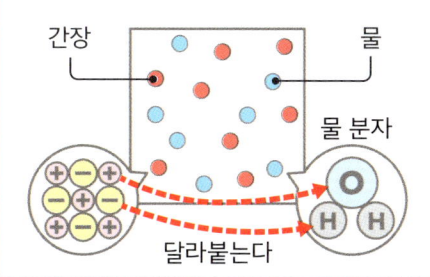

얼룩이 묻은 곳에 물을 뿌리면 오염물이 물에 녹는데, 이는 물이 얼룩의 색소와 잘 결합하기 때문이다. 이처럼 물 분자가 물에 녹은 다른 분자를 둘러싸서 녹이는 과정을 '<u>물 분자의 수화 작용</u>'이라고 한다. 오염물이 녹은 물은 청소기로 빨아올려서 마른걸레로 닦으면 카펫의 얼룩을 없앨 수 있다.

더 자세히

물 분자 H_2O의 H는 '-(마이너스)'를 끌어당기고, O는 '+(플러스)'를 끌어당기는 성질이 있다. 물 분자가 얼룩의 원인인 색소 분자와 들러붙어서 얼룩이 생긴 원래 소재에서 떼어 놓는다.

다다미에 묻은 크레용을 치약으로 깨끗하게 닦기

거실이나 방바닥에 까는 골풀 방석이나, 다다미(일본에서 흔히 사용하는 돗자리)에 크레용으로 낙서를 해서 어른들에게 혼난 적이 있나요? 그럴 때는 치약으로 낙서 자국을 깨끗하게 지울 수 있어요.

준비물

- 크레용 낙서가 된 다다미
- 치약
- 칫솔
- 티슈
- 물티슈

도움말
칫솔은 버리기 전 낡은 것을 사용하면 환경 보호에 도움이 된다.

이런 재료는 사용하지 말자!

식용 베이킹 소다

알칼리성 세제

알칼리 성분이 골풀(다다미를 짜는 풀)에 반응해서 다다미 색을 변색시킨다.

점착식 클리너 (돌돌이 테이프)

골풀이 테이프 끈끈이에 붙어 빠져서 다다미를 손상시킬 수 있다.

다다미에 묻은 크레용 없애는 법

1  크레용이 묻은 곳 위에 치약을 짜거나, 칫솔에 치약을 묻혀 칠한다.

2  다다미의 줄 결을 따라 치약을 펴 바른다.

3  티슈로 치약을 문지르며 닦는다.

4  남은 치약을 물티슈로 닦아 내면 크레용 자국이 지워진다.

왜 그럴까?

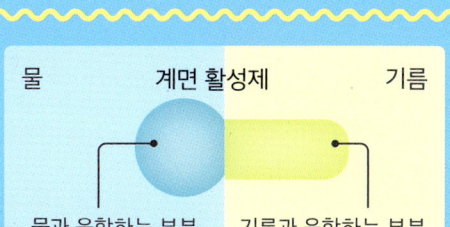

물 — 계면 활성제 — 기름
물과 융합하는 부분 / 기름과 융합하는 부분

치약에는 섞이지 않는 물과 기름을 서로 섞이게 하는 계면 활성제가 들어 있다. 다다미의 미세한 줄 틈으로 들어간 크레용(유성-기름의 성질)에 계면 활성제가 묻어서 크레용이 깨끗하게 떨어진다.

더 자세히

치약 성분으로 표시된 '로릴 황산 나트륨'이 계면 활성제(이 책 95쪽 참고) 성분이다. 계면 활성제는 치약 외에 샴푸, 비누, 부엌용 세제, 세탁용 세제 같은 제품에도 이용된다.

요즘은 계면 활성제가 들어 있지 않은 치약도 있으니 성분 표시를 확인하세요!

유성펜으로 한 낙서는 고추냉이로 제거한다!

'유성펜'이라고 표시된 펜으로 가구나 물건에 낙서를 해서 어른들에게 혼난 경험이 있나요? 유성펜으로 한 낙서는 고추냉이를 사용해서 펜의 얼룩을 깨끗하게 닦을 수 있어요.

준비물

- 유성펜으로 낙서를 한 물건
- 고추냉이
- 티슈
- 비닐장갑

낙서를 한 물건
(플라스틱 용기)

이런 곳의 낙서가 없어진다!

- 플라스틱제 가구나 용기
- 냉장고
- 골풀로 만든 용품

!주의!
고추냉이가 피부에 묻으면 따가우므로 비닐장갑을 꼭 끼자!

유성펜 낙서 없애는 법

1
유성펜으로 낙서한 부분에 고추냉이를 발라 잘 배어들게 한다.

2
5분 정도 그대로 둔다. 고추냉이를 조금 닦아서 낙서가 남으면 방치하는 시간을 늘린다.

3
낙서 흔적이 흐려지면 티슈로 고추냉이를 문지르며 닦아 낸다.

4
낙서가 깨끗하게 닦인다.

왜 그럴까?

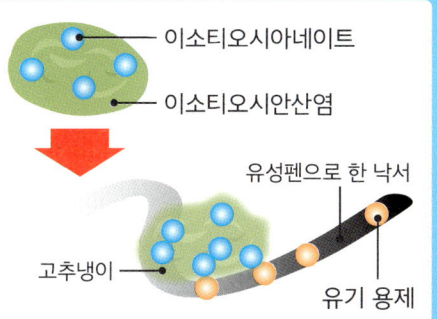

고추냉이에 들어 있는 <u>이소티오시안산염</u> 성분과, 유성펜에 든 유기 용제는 성질이 같다. 그래서 이 두 가지가 섞이면 유기 용제가 떠오르므로 유성펜 낙서가 없어진다.

더 자세히

<u>유기 용제</u>란, 다른 물질을 녹이는 성질을 지닌 액체 상태의 유기 화학 물질을 말한다.

> 플라스틱, 유리, 나무, 천 등 낙서를 한 곳의 소재에 따라 제거하는 방법은 여러 가지가 있어요. (이 책 84~85쪽, 88~89쪽 참고)

낙서로 곤란하다면 이것!
무수 에탄올로 흔적 지우기

장난감이나 가구에 한 낙서를 지우려고 해도 좀처럼 지워지지 않아서 곤란했던 적이 있나요? 유성펜이나 크레용으로 한 낙서는 무수 에탄올을 이용하면 깨끗하게 지울 수 있답니다!

준비물

- 낙서를 한 물건
- 무수 에탄올
- 키친타월
- 마스크
- 비닐장갑

플라스틱으로 만든 용기

무수 에탄올

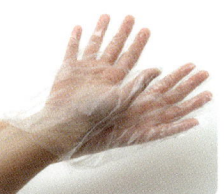

이런 것도 깨끗해진다!

페트병

거울

!주의!
니스 칠이 된 목제 가구에 무수 에탄올을 사용하면 니스가 얇아지거나 벗겨지는 일이 있으므로 주의하도록 하자.

낙서 지우는 법

1

비닐장갑과 마스크를 꼭 착용한 뒤 무수 에탄올을 키친타월에 적신다.

2

낙서가 있는 부분을 ①의 키친타월로 확실하게 닦는다.

3

낙서가 깨끗하게 닦인다.

왜 그럴까?

에탄올을 머금은 천
에탄올
낙서를 닦는다.

에탄올(알코올)이 유성펜과 크레용의 유분에 녹아 낙서가 천으로 이동한다.

무수 에탄올은 기름을 녹이는 성질을 지닌다. 그래서 유성펜과 크레용 낙서를 무수 에탄올로 닦으면 유성펜과 크레용의 기름기가 에탄올에 녹아 낙서가 지워진다.

더 자세히

에탄올은 알코올의 일종이다. 그중에서도 농도가 99.5% 이상인 것을 무수 에탄올이라고 한다.

도움말

무수 에탄올을 사용할 때는 불에 가까이하지 말고 사용한 뒤에는 반드시 환기를 한다. 에탄올을 사용할 때 피부가 붉어지거나 냄새 때문에 머리가 아프면 실험을 중단한다.

무수 에탄올은 냄새가 있고 자극이 강하기 때문에 사용할 때는 충분히 주의하도록 해요.

실수로 간장을 흘렸다고?
식초로 간장 얼룩 없애기

식사를 하다가 실수로 옷에 간장을 흘린 경험이 있나요? 옷에 묻은 간장 얼룩은 식초를 사용해 지울 수 있답니다. 시간이 지나면 얼룩을 없애기 어려우니, 얼룩이 생겼을 때 바로 지우는 것이 중요해요.

준비물

- 간장 얼룩이 묻은 옷이나 천
- 식초 • 물 • 계량스푼
- 중성 세제(주방 세제 등)
- 천(얼룩 빼기 용도, 덧대는 용도)

간장 얼룩의 종류는?

얼룩은 물에 녹는 얼룩, 기름에 녹는 얼룩 등이 있다. 간장은 물에 녹는 수용성이므로 금방 생긴 작은 얼룩은 물로 어느 정도 없앨 수 있다.

도움말

식초는 검지 않고 당분이 들어 있지 않은 곡물 식초 등을 사용하자.

간장 얼룩 없애는 법

1
식초를 작은 계량스푼 한 숟갈에 물을 2~3배 넣어 묽게 만든다.

2
얼룩이 묻은 옷감 아래 덧대는 천을 깔고, ① 의 식초를 적신 천으로 얼룩 부분을 계속 두들긴다.

3
아래 덧댄 천에 얼룩이 옮겨 간다. 얼룩이 졌던 부분은 중성 세제를 조금 섞은 물로 씻는다.

4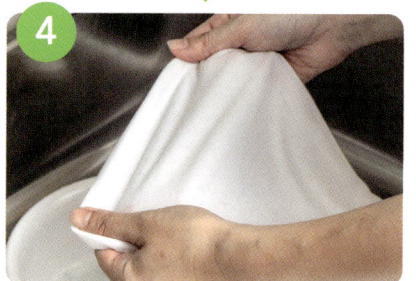
간장 얼룩이 깨끗이 제거된다.

왜 그럴까?

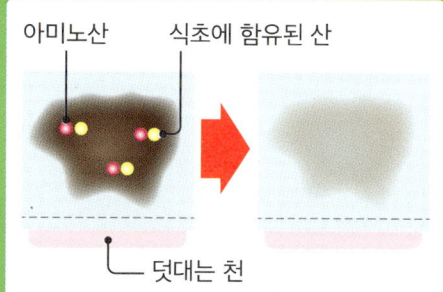
아미노산 / 식초에 함유된 산 / 덧대는 천

간장에는 풍부한 **아미노산**이 들어 있다. 이 아미노산이 식초에 포함된 **초산**과 **구연산** 등의 산과 반응해서 녹고 또 식초 물의 수분에도 녹아서 얼룩이 떨어지는 것이다.

더 자세히

아미노산은 동물과 식물이 살아가는 데 꼭 필요한 물질이며, 인간 몸의 약 20%는 아미노산으로 이루어져 있다. **산**은 물에 녹으면 수소 이온(H2)을 발생시켜서 산성을 나타내는 물질이다.

식초는 강한 산성이라서 그대로 사용하면 옷감을 상하게 할 수 있어요. 그래서 반드시 물을 타서 쓰도록 해요.

옷에 딱 달라붙은 껌은 소독용 알코올로 뗄 수 있다!

옷이나 가방, 신발 밑창에 껌이 딱 달라붙어서 골치 아팠던 경험이 있나요? 끈적끈적한 껌이 붙었을 때 소독용 알코올을 이용하면 껌을 깨끗하게 제거할 수 있답니다!

준비물
- 껌이 달라붙은 옷 등
- 소독용 알코올
- 그릇이나 대야
- 다 쓴 칫솔

!주의!
알코올이 묻으면 얼룩이 생기는 천도 있으므로 제품 표시를 확인한 뒤 실험하자!

머리카락에 달라붙은 껌은 이것으로 뗄 수 있다!

식물성 기름

버터

!주의!
기름은 얼룩을 만들기 때문에 기름과 버터를 의류에 사용하는 일은 피하자.

껌 떼는 법

1

소독용 알코올을 그릇에 붓고, 껌이 붙은 부분을 5분 정도 담가 놓는다.

2

담가 놓았던 옷을 꺼내 껌을 뗀다.

3

❷에서 떨어지지 않은 나머지 껌은 칫솔로 부드럽게 제거한다.

왜 그럴까?

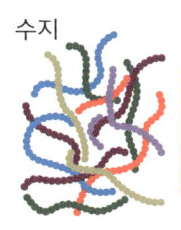  

수지

서로 얽혀 있다
(점착력은 강하다)

알코올에 담근다

흩어진다
(점착력은 약하다)

껌의 원료에는 식물에서 나오는 <u>천연수지</u>와 인공적으로 만든 <u>폴리초산 비닐</u>, 폴리이소프렌 등의 합성수지가 사용된다. 껌이 끈적끈적한 이유는 폴리초산 비닐 성분 때문인데, 이것은 알코올에 녹는 성질을 지닌다. 그래서 <u>소독용 알코올</u>에 담그면 껌의 점착력이 약해져서 벗겨지는 것이다.

초콜릿에는 유분이 포함되어 있어서 껌과 초콜릿을 같이 입에 넣으면 껌이 녹아 버려요.

더 자세히

<u>소독용 알코올</u>은 알코올 도수가 70도 정도다. 껌을 떼어 낼 때는 알코올 성분이 들어 있는 다른 것을 대신 쓸 수 있지만, 도수가 너무 낮으면 효과가 나타나기 어렵다.

옷깃의 누런 때는 주방 세제로 말끔하게 지운다!

빨래를 아무리 자주 해도 셔츠 옷깃의 누런 때는 잘 지워지지 않아요. 평소에 하는 빨래 방법으로는 떨어지기 어려운 옷깃의 누런 때를 주방 세제로 깨끗하게 지울 수 있어요.

준비물

- 피지 때(누런 때)가 있는 옷
- 주방 세제
- 담그기용 그릇
- 물 또는 미지근한 물(세탁기용)
- 더운 물(40도 정도)
- 칫솔
- 세탁기
- 세탁용 세제

이런 곳의 피지 때가 떨어진다!

옷깃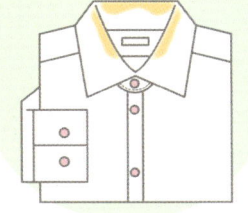

소맷부리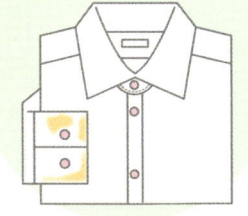

!주의!

실험하기 전, 눈에 띄지 않는 부분에 세제를 묻혀서 옷의 색깔이 빠지지 않는지 확인하자.

피지 때 지우는 법

1
피지 때를 지우고 싶은 옷 부분을 더운물에 담근다.

2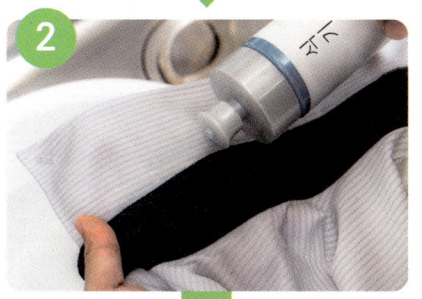
①의 옷을 더운물에서 꺼낸 다음 피지 때 부분에 주방 세제를 충분히 바른다.

3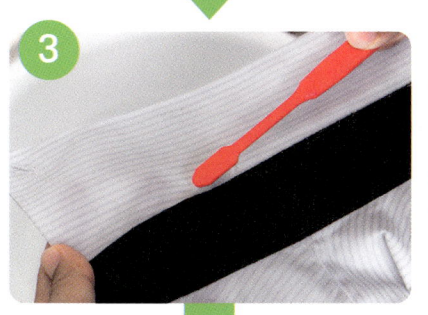
칫솔로 두드리듯 문지르며 주방 세제를 천에 스며들게 한다.
※ 강하게 문지르면 천이 상할 수 있으므로 주의!

4
주방 세제를 더운물로 헹궈 없앤 뒤에 세탁용 세제로 평소처럼 세탁한다.

왜 그럴까?

계면 활성제가 기름기(피지)를 둘러싼다.

피지 때가 작은 덩어리가 되어 의류에서 떨어진다.

 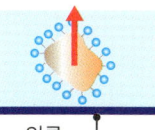

옷깃과 소맷부리의 누런 때는 피부에서 나오는 피지(기름)가 원인이다. 목 주변은 땀이 잘 나서 옷깃이 누레지기 쉽다. 주방 세제에는 기름때를 씻기는 계면 활성제가 들어 있어서 세제를 피지 때에 스며들게 하면 기름때가 떠올라 지우기 쉬워진다.

더 자세히

계면 활성제(이 책 85쪽 참고)란, 물과 기름(피지)을 쉽게 섞이도록 하는 성질이 있는 물질이다.

이 방법으로 카레 등 먹다 흘린 음식물 자국도 제거할 수 있어요.

꾸깃꾸깃 신문지를 사용하면 빨래가 빨리 마른다!

방 안에 널어놓은 빨래가 좀처럼 마르지 않아서 곤란할 때가 있어요. 이럴 때 신문지를 이용하면 빨래를 더 빨리 말릴 수 있어요. 말리는 방법에도 요령이 있으니 잘 보고 실험해 보세요!

준비물

- 덜 마른 빨래
- 신문지
- 널기 위한 행거 등

빨리 말리려면 이런 방법도!

아치형으로 세탁물을 건다.

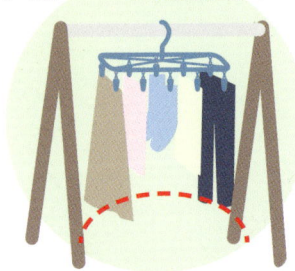

세탁물에 바람을 쐰다.

도움말

세탁물끼리 간격을 두고 아치형으로 널면 바람이 지나는 길이 생기기 때문에 축축한 공기가 흐르기 쉬워져서 빨리 마른다.

세탁물을 빨리 말리는 법

1

덜 마른 빨래 두 벌(같은 옷이면 비교하기에 좋다)을 행거에 간격을 두고 건다.

2

신문지 몇 장을 꾸깃꾸깃하게 뭉친 후 편다.

3
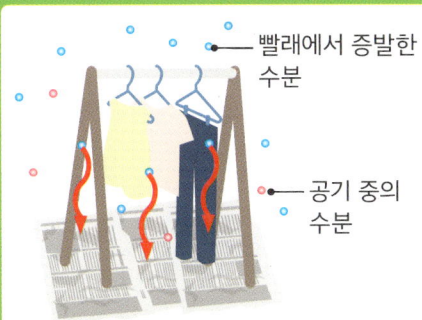
❷의 신문지를 오른쪽 빨래 아래에 깐다.

4

5시간 뒤, 신문지를 깔지 않은 빨래(왼쪽)와 신문지를 깐 빨래(오른쪽)을 비교해 보자.

※ 마르는 속도는 온도, 습도 등 조건에 따라 다르다.

왜 그럴까?

빨래에서 증발한 수분

공기 중의 수분

빨래가 마르는 것은 **빨래의 수분**이 증발해서 공기 중으로 날아가기 때문이다. 이때 신문지는 공기 중의 수분을 흡수하기 때문에 빨래 아래 신문지를 아래에 깔면 빨래의 수분이 증발하기 쉬워져서 빨리 마른다.

더 자세히

공기가 함유할 수 있는 수분량은 한정되어 있다. 따라서 공기 중에 이미 수분이 많은 경우(습도가 높을 때) **빨래의 수분**이 증발하기 어려워진다.

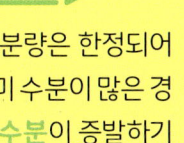

신문지를 꾸깃꾸깃하게 하면 그냥 펼치는 것보다도 공기에 닿는 면적이 늘어나서 수분을 더 잘 흡수해요.

신발 냄새가 사라진다! 신기한 동전의 마법

자주 신는 실내화나 운동화 등 신발에서 쿰쿰한 냄새가 날 때가 많아요. 신발에서 불쾌한 냄새가 날 때는 신발 안에 동전을 넣어 놓으면 시간이 지난 뒤에 쾨쾨한 냄새가 사라진답니다.

준비물

- 냄새가 신경 쓰이는 신발
- 10엔 동전

* 한국 돈 10원 주화도 구리 성분이 포함되어 있어 효과가 비슷하다. 2006년 이후 발행된 신 주화가 구 주화에 비해 구리 함량이 낮으므로(신형 동전의 구리 함량 48%, 구형 동전 구리 함량 88%) 냄새 제거에는 구형 주화가 더욱 효과적이다.

이런 것으로도 냄새를 없앨 수 있다!

알루미늄 포일

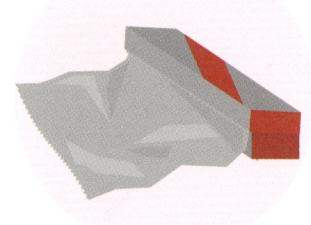

알루미늄 포일(알루미늄)도 10엔 동전과 같은 효과를 기대할 수 있다.

신문지

신문지를 둥글게 말아 신발 안에 넣으면 신발 안의 수분을 흡수하기 때문에 잡균이 늘어나기 어려워진다.

신발의 불쾌한 냄새를 없애는 법

1  신발 안에 10엔 동전을 5~10개 넣어 놓는다. 냄새가 나기 쉬운 발끝 쪽에 많이 넣는다.

2  하룻밤 방치한다.

3  다음 날 동전을 꺼내 보면 신발 안에서 냄새가 나지 않는다.

왜 그럴까?

신발 안은 땀 같은 수분 때문에 잡균이 생기기 쉽다.

동전에 포함된 금속인 구리 성분이 신발 속 수분과 반응해서 구리 이온이 생긴다.

구리 이온이 신발 속 잡균을 분해한다.

신발 냄새의 원인은 신발 속 <u>잡균</u>이 늘어나고 있기 때문이다. 신발에 10엔 동전을 넣으면 동전에 포함된 <u>구리</u> 성분이 신발 안의 습기와 반응하는데 이때 발생하는 구리 이온이 잡균을 분해하므로 냄새가 사라진다.

!주의!

동전을 너무 오래 넣어 두면 금속 냄새가 신발에 밴다. 따라서 하룻밤 정도가 적당하다.

은(Ag) 이온도 항균과 살균 효과가 있어요.

딱 달라붙은 비닐봉지는 정전기로 입구를 열자!

마트에서 물건을 산 뒤에 비닐봉지에 넣으려고 할 때 비닐이 딱 달라붙어서 봉지 입구가 좀처럼 열리지 않을 때가 있어요. 그럴 때 손바닥을 이용하면 간단히 열린답니다!

준비물
- 위생 비닐

도움말
큰 봉지도 같은 방법으로 열 수 있다.

이런 방법으로도 열린다!

손가락 끝을 물로 적신다.

봉지 입구를 좌우로 잡아당긴다.

폴리백과 비닐봉지 여는 법

1 폴리백이나 비닐봉지를 손바닥 사이에 끼운다.

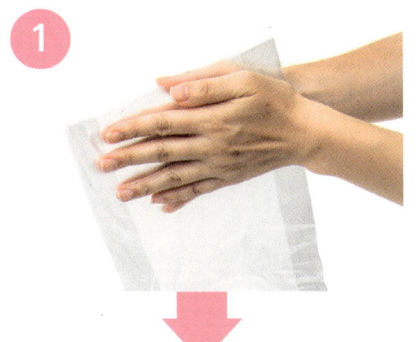

2 손바닥을 앞뒤로 서로 비빈다.

3 서로 비빈 부분부터 봉지가 열린다.

도움말
손가락 끝보다 손바닥으로 비비는 것이 정전기가 더 잘 일어나서 봉지 입구를 쉽게 열 수 있다.

왜 그럴까?

비닐봉지를 손바닥 사이에 끼워서 비빈다.

모든 물체는 '+(플러스)'와 '-(마이너스)'의 전기를 균형 있게 같은 양만큼 가지고 있다. 양손으로 비닐봉지를 비비면 +와 -의 균형이 무너져서 같은 전기끼리 서로 반발하여 (정전기) 봉지 입구가 열린다.

더 자세히
물체를 서로 비비면 한쪽의 - 전기가 다른 쪽으로 이동하기 때문에 한쪽은 + 또 한쪽은 -가 많아진다. 이와 같이 +와 -의 균형이 무너지면 정전기가 일어난다.

사용하기 전의 비닐들이 서로 붙어 있는 것도 약한 정전기가 원인이에요.

페트병과 우유로 간단하게 휴대용 조명등 만들기!

비상시에 흔히 사용하는 작은 손전등으로 주변을 더 밝게 비추는 휴대용 조명등을 만들 수 있어요. 불을 사용하지 않고도 안전하게 밝은 빛을 만들 수 있는 방법이니 잘 기억해 두도록 해요.

준비물

- 빈 페트병
- 물
- 컵(손전등보다 긴 것)
- 우유 약간
- 작은 손전등

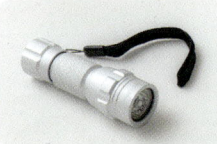

이런 것을 물에 녹여도 가능하다!

비누

녹말가루

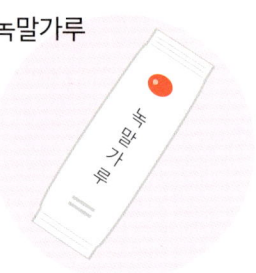

다른 액체로도 실험해 보자!

도움말

우유는 아주 조금만 있어도 가능하다. 물을 하얗게 흐리게 하는 것이 핵심!

휴대용 조명등 만드는 법

1. 빈 페트병이 다 차지 않을 정도로 물을 넣는다.

2. ①의 페트병에 우유를 넣는다.
   ※ 330mℓ 생수병 페트병 기준으로 2~3방울 정도.

3. 손전등을 켜서 불빛이 위로 가도록 컵 안에 넣는다. 그 위에 ②의 페트병을 얹는다.

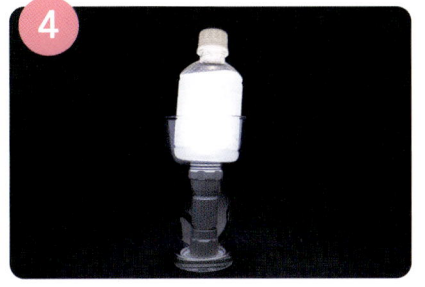

4. 방의 전깃불을 끄면 페트병이 밝게 주변을 비춘다.

왜 그럴까?

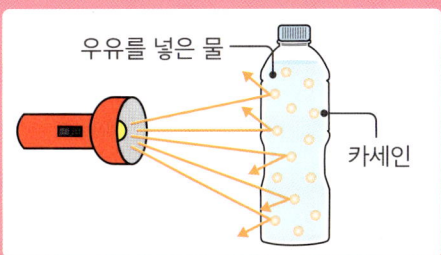

우유를 넣은 물 / 카세인

우유가 하얀 이유는 카세인이라는 단백질과 유지방 같은 작은 알갱이가 수분에 떠돌고 있기 때문이다. 우유를 몇 방울 넣은 물에 손전등 빛을 비추면 빛 입자가 카세인 등의 알갱이에 부딪혀 반사된 빛이 사방으로 흩어진다. 이를 '틴들 현상'이라고 한다. 우유를 넣은 페트병의 물이 물만 넣었을 때보다 밝게 빛난다.

하얀 물질이라도 물에 녹아 버리는 것은 빛을 반사하지 않아요. 그래서 소금이나 설탕을 녹인 물에서는 틴들 현상이 일어나지 않아요.

드라이기의 온풍을 쐬면 구깃구깃한 우산도 빳빳하게

비가 많이 내리는 계절에 매일같이 우산을 썼더니 우산이 점점 구깃구깃해진 경험이 있을 거예요. 구깃구깃해진 우산을 드라이기의 따뜻한 바람을 이용해 새 것처럼 빳빳하게 되살릴 수 있답니다.

준비물

- 구겨지고 코팅력이 떨어진 우산
- 타월
- 드라이기
- 표시를 하기 위한 스티커나 접착식 메모지

  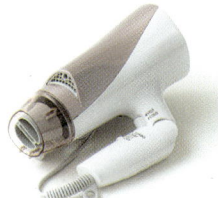 

실험을 할 수 있는 우산인지 소재를 살펴보자!

폴리에틸렌
(비닐 제질)

폴리에스테르/나일론 (직물 제질)

!주의!

직물 제질이라도 오래 사용해서 코팅이 벗겨진 우산에는 이 방법을 쓸 수 없다. 그럴 때는 코팅을 시켜 주는 발수 스프레이를 이용하자.

우산의 코팅력을 부활시키는 방법

1. 우산에 묻은 오염물을 타월로 깨끗하게 없앤다.

2. 드라이기로 말리는 시작 지점을 정해서 접착식 메모지로 표시한다.

3. 드라이기를 우산에서 10cm정도 거리를 두고서 한 곳당 30초 정도씩 뜨거운 바람을 쐰다.

4. 접힌 부분에는 더 정성 들여 드라이기 바람을 쐰다. 우산 전체에 온풍을 다 쐬었으면 완료. 전보다도 물이 잘 튕기게 된다.

왜 그럴까?

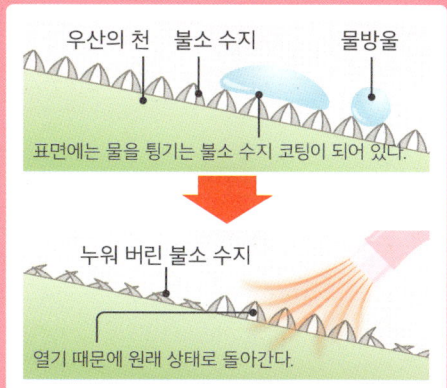

표면에는 물을 튕기는 불소 수지 코팅이 되어 있다.

열기 때문에 원래 상태로 돌아간다.

직물 제질 우산의 천에 코팅된 <u>불소 수지</u>는 미세한 털처럼 늘어서 있어 물을 튕긴다. 물 튕김이 약해진 원인은 이 불소 수지가 마찰 등으로 쓰러져 누워 버렸기 때문이다. 불소 수지는 50도 이상의 열을 가하면 원래처럼 일어나는 성질이 있다. 드라이기의 열은 75도 정도이기 때문에 온풍을 쐬면 발수성(물을 튕기는 힘)이 되살아난다.

불소 수지는 우산 코팅 외에도 프라이팬과 치아의 코팅 등 다양한 곳에 쓰여요.

과학 실험 노트 끝내주게 잘 쓰는 법

과학 실험 노트를 쓸 때 뭐부터 해야 할지 막막할 때가 많을 거예요.
주제를 정하는 것부터 실험 방법, 정리 방법까지 소개해 볼게요.

1 이 책에서 주제를 고른다

이 책에는 간단하고 재미있는 실험이 많이 실려 있어요. 처음부터 끝까지 읽고 흥미가 있는 주제를 하나 고르세요. 여기에서는 54쪽~55쪽의 '알록달록 예쁜 색깔 면 만들기' 실험을 골랐어요.

2 실험 준비를 한다

실험을 시작하기 전에 해야 할 것은 '실험 순서를 확인한다', '결과를 예상한다', '실험에 필요한 것을 갖춘다' 세 가지예요. 실험에 사용하는 도구와 재료는 '준비물'을 참고로 해서 준비하세요.

> 실험을 시작하기 전에, 선택한 실험의 본문을 읽으면서 어떤 순서로 진행할지를 머릿속에서 미리 그림을 그려 두면, 실험을 순조롭게 진행할 수 있어요.

3 실험을 한다

★ **재료의 분량과 순서를 지키자**

책에 나와 있는 실험 재료의 분량과 순서를 잘 지켜야 실험을 제대로 할 수 있어요. 다음 사항에도 꼭 주의를 하도록 해요.

- 약품과 세제는 설명서를 읽은 후에 사용한다.
- 불, 칼, 약품, 세제를 사용할 때 반드시 어른과 함께 다룬다.
- 집 안의 물건을 사용할 때는 어른의 허락을 받는다

★ **같은 실험을 반복해서 해 보자**

한 번의 실험으로 결과를 잘 이끌어 내기 어려울 수 있어요. 생각한 것처럼 결과가 나오지 않을 때는 몇 번 더 반복해서 실험해 보세요. 실험마다 결과가 다를 때는 횟수가 많은 쪽의 결과를 채택하거나 실험을 몇 번 더 반복해 봐도 좋아요. 수치가 불규칙할 때는 평균을 내 보세요. 평균은 '모든 수치를 더한 수 ÷ 실험 횟수'로 구할 수 있어요.

★ **확실하게 관찰하자**

실험 과정에서 변화하거나 반응하는 모습을 잘 관찰한 뒤 '본다', '듣는다', '만진다', '맛본다', '느낀다'와 같이 감각을 활용해 다양한 방법으로 관찰해 보세요.

4 노트에 기록한다

실험 경과와 결과는 노트와 사진을 사용해 자세히 기록하세요. 잘못하거나 실수, 실패한 것까지 포함해서 정확하게 기록하는 것이 중요해요. 실험 기록 노트에는 날짜, 실험 주제 등 기본 사항과 함께 무엇을 했는지, 어떤 결과가 나왔는지를 실험 내용으로 적어 보세요.

★ 기록 노트 예시

7월 29일 (금)

주 제	알록달록 색깔 면 만들기
목 적	중화면을 적양배추를 데친 물로 삶거나 식초를 넣으면 어떤 색으로 변하는지를 조사한다.
예 상	적양배추를 데친 물로 면을 삶으면 면의 색은 보라색이 된다. 그 면에 식초를 뿌리면 분홍색이 된다.
재료와 도구	중화면, 적양배추, 물, 식초, 냄비, 긴 젓가락, 소쿠리
순 서	1. 적양배추를 데친다. 2. 적양배추를 데친 뜨거운 물에 면을 삶는다. 3. 2의 면을 반으로 나눠 한쪽에 식초를 뿌린다.
면 의 색 깔	노랑→초록, 초록→분홍
결 과	적양배추를 데친 뜨거운 물로 면을 삶으니 면의 색이 초록색으로 변했다. 그 면에 식초를 뿌렸더니 분홍색이 되었다.
알 게 된 점	• 적양배추를 데친 뜨거운 물로 면을 삶으면 보라색이 될 것 같았는데 초록색이 되었다. • 적양배추를 데친 뜨거운 물은 보라색이 아니라 푸르스름했다. • 적양배추를 데친 뜨거운 물로 삶은 면은 시간이 지나고 난 뒤 색이 더 짙어졌다.

★ 표 정리하는 법

실험 결과는 표로 정리하면 한눈에 이해하기 쉬워요. 가로와 세로에 어떤 항목을 넣을지 실험 주제에 맞게 넣어 보세요. 주제에 따라 그래프를 그려 보는 것이 쉬울 수도 있어요.

면	① 일반적인 뜨거운 물에서 삶은 면	② 적양배추를 데친 뜨거운 물로 삶은 면	③ ②의 면에 식초를 부려서 섞은 면
색	노란색	초록색	분홍색

★ 사진 찍는 법

'실험 전 상태', '진행 경과', '결과'는 사진으로 찍어 보세요. 아래의 왼쪽 사진처럼 초점을 잘 맞춰 찍어야 해요. 오른쪽 사진처럼 초점이 어긋나거나 사진의 사물이 비뚤어져 보이면 보기에 안 좋고 나중에 다시 볼 때 이해하기도 어려워요.

잘 찍은 실험 사진 예시

잘못 찍은 실험 사진 예시

5 실험 결과를 책과 비교한다

진행한 실험 결과를 책에 나와 있는 결과와 비교해 보세요. 책 속의 '왜 그럴까?' 꼭지를 읽으면 왜 그런 결과가 나왔는지 이해할 수 있어요. 실험 결과가 책과 달랐다면 원인을 조사해서 왜 다른 결과가 나왔는지 생각해 보세요.

6 실험 결과를 정리한다

실험이 끝났으면 기록 노트와 사진을 참고해서 A4 크기의 종이나 노트, 스케치북 등에 한눈에 알아보기 쉽도록 결과를 정리해 보세요. 표, 사진, 도형, 그림 등을 넣어서 꾸미면 이해하기 쉬워요. 실험 결과를 정리할 때 다음 내용을 꼭 적도록 해요.

- 제목, 목적, 예상, 사용하는 도구와 재료
- 실험 순서, 실험 결과
- 알게 된 점, 느낀 점
- 참고로 삼은 책이나 웹 사이트 등

※ 노트를 학교에 제출할 때는 '반과 이름'을 꼭 쓰기.

실험 순서
1, 2, 3…으로 번호를 달아 항목별로 정리하면 이해하기 쉽다.

실험의 결과
표와 사진 등으로 한눈에 이해하기 쉽게 정리한다.

알게 된 점·감상
실험 결과에서 알게 된 점과 느낀 점을 적는다. 알게 된 점은 '왜 그럴까?'를 참고해서 기록해도 좋다.

생각한 결과가 나오지 않았더라도 그것 또한 훌륭한 결과이니 꼭 그대로 기록하세요. 실험이 잘되지 않았던 원인과 개선점을 잘 모르겠다면 그것도 꼭 기록으로 남기세요.

목적	제목	예상
그 실험을 왜 하는지 간단히 적는다.	실험 내용이 잘 전달되는 제목을 맨 위에 크게 적는다.	어떤 결과가 될지 예상하여 적는다.

알록달록 색깔 면 만들기

4학년 1반 윤대협

목 적
중화면을 적양배추를 데친 물로 삶거나 식초를 넣으면 어떤 색으로 변하는지를 조사한다.

예 상
적양배추를 데친 물로 면을 삶으면 면의 색은 초록색이 된다. 그 면에 식초를 뿌리면 분홍색이 된다.

재료와 도구
중화면, 적양배추, 물, 식초, 냄비, 긴 젓가락, 소쿠리

재료, 도구: 실험에 사용하는 재료와 도구를 적는다.

순 서
① 적양배추를 데친다.
② 적양배추를 데친 뜨거운 물에 면을 삶는다.
③ 삶은 면을 반으로 나눠 한쪽에 식초를 뿌린다.

결 과

면의 종류	① 일반적인 뜨거운 물에서 삶은 면	② 적양배추를 데친 뜨거운 물로 삶은 면	③ ②에 식초를 뿌려 섞은 면
면의 색			

알게 된 점·감상
보라색의 뜨거운 물로 면을 삶으면 보라색으로 변할지도 모르겠다고 생각했지만 초록색이 되었다. 적양배추에 들어 있는 안토시아닌과, 중화면에 들어있는 알칼리성 '간수'가 섞이면 초록색이 된다. 또 산성인 식초를 뿌리면 분홍색이 된다.

참고한 것
책 - 《집콕 실험실》, (지은이 : 이치오카 겐키)

참고로 한 것: 참고로 한 책(제목, 지은이, 출판사명 등)과 홈페이지(제목, URL, 발행자명)를 적는다.

두근두근!
집콕 실험실

1판 1쇄 발행일 2024년 7월 5일

글쓴이 이치오카 겐키 **옮긴이** 송소정 **펴낸곳** (주)도서출판 북멘토 **펴낸이** 김태완
편집주간 이은아 **편집** 김경란, 조정우 **디자인** 유경희, 안상준 **마케팅** 강보람, 민지원, 염승연
출판등록 제6-800호(2006. 6. 13.)
주소 03990 서울시 마포구 월드컵북로 6길 69(연남동 567-11) IK빌딩 3층
전화 02-332-4885 **팩스** 02-6021-4885

- bookmentorbooks.co.kr
- bookmentorbooks@hanmail.net
- bookmentorbooks__
- blog.naver.com/bookmentorbook

ISBN 978-89-6319-593-3 73400

※ 잘못된 책은 바꾸어 드립니다.
※ 이 책은 저작권법에 따라 보호를 받는 저작물이므로 무단 전재와 무단 복제를 금합니다.
※ 이 책의 전부 또는 일부를 쓰려면 반드시 저작권자와 출판사의 허락을 받아야 합니다.
※ 책값은 뒤표지에 있습니다.

KC **인증 유형** 공급자 적합성 확인 **제조국명** 대한민국 **사용 연령** 8세 이상
KC마크는 이 제품이 공통안전기준에 적합하였음을 의미합니다.
종이에 베이거나 책 모서리에 다치지 않도록 주의하세요.